수용전념치료 매트릭스와 유연한 프레임

RFT와 ACT 언어 합기도를 활용하여,
단어 집착에서 벗어나 자유로운 행동으로

The Art of RFT

Turning Sticky Words into Peaceful Actions
With the ACT Matrix

Kevin Polk · Phil Tenaglia 공저
송승훈 역

저자에 대해

심리학자 케빈은 텍사스에서 태어났고 오클라호마에서 자랐습니다. 그는 오클라호마 주립 대학에 다녔고 거기서 임상심리학 박사 학위를 받았습니다. 그는 아내 메리 앨리스를 대학원에서 만났고, 그들은 인턴십을 위해 메인으로 여행을 갔습니다. 그들은 계속해서 그곳에서 가족을 키웠습니다. 메리 앨리스와 케빈은 두 마리의 염소, 여러 무리의 꿀벌, 세 마리의 강아지, 두 마리의 고양이, 그리고 한 마리의 앵무새와 함께 메인의 작은 농장에서 살고 있습니다. 그는 항상 그림 그리는 것을 좋아했고, 몇 년 동안의 시험 후에, 그는 2009년에 ACT 매트릭스로 알려진 수용전념치료 처리과정을 도표로 나타냈습니다. 그는 2012년에 집단에서 심리적 안전(프로소셜 매트릭스)을 구축하는 과정을 도표화했습니다. 그는 현재 ACT 매트릭스 아카데미에서 필 테나글리아 선생님과 다른 연구자들과 함께 일하고 있으며, 세상에 안전과 심리적 유연성을 제공하고 있습니다.

심리학자 필 테나글리아는 오랫동안 공인 면허를 받은 심리학자로 지냈으며, 학교심리학자이자 가족치료자입니다. 그는 아내 신디, 아들 게이브(우리팀의 카피 에디터), 딸 소피와 함께 랭혼주에 살고 있습니다. 그들은 어울리고, 좋은 음식을 먹고, 최신 넷플릭스의 유행 프로그램을 따라가고 정주행하기를 좋아합니다. 필이 언어 합기도 매트 위에서 구르지 않을 때, 지역 디스크 골프장에서 나무를 치는 것을 볼 수 있습니다. 필은 2009년에 케빈을 만났고, 그 이후로 그들은 계속 협력하고 있습니다. 그는 매트릭스를 교실과 학교에 도입했고, 교육자들과 학생들이 심리적으로 더 유연해지도록 훈련시키는 것을 좋아합니다. 또한 필은 비폭력 위기 및 트라우마 분야의 전문가로 인정을 받고 있습니다. 당신이 필을 보고 싶다면, 케빈과 함께하는 매트릭스 토론 시간에 볼 수 있습니다. 거기서 큰 화이트보드 컬렉션과 함께 매트릭스 도표를 그리고 있는 필을 찾을 수 있습니다.

역자에 대해

　　심리학자 송승훈은 경기에서 태어나 자라, 수련 시기를 제외하고 대전 지역에 오래 거주했습니다. 현재 자유ON심리상담센터·ACT인지행동치료연구소 대표로 심리치료 활동과 연구에 매진하고 있으며, 대학에서 외래교수로 수용전념치료, 마음챙김, 심리평가 등을 가르치고 있습니다. 국립충남대학교에서 심리학psychology을 전공한 후 동 대학원에서 응용심리학, 임상 및 건강심리학 석사/박사 학위 과정을 수료했습니다. 가톨릭의대성모병원과 순천향의대부천병원 등 정신과psychiatry에서 레지던트 수련과 이후 슈퍼바이저급 심리학자로 근무했습니다. 대학병원, 자원봉사, 삼성그룹 사내 상담센터 등에서 약 20년간 심리치료자로 종사했습니다. 한국인지행동치료학회 공인 CBT전문가(수련감독자), 한국심리학회 공인 건강 및 임상심리전문가(수련감독자), 보건복지부 공인 정신건강임상심리사 1급 자격증을 소지하고 있습니다. 통합적 심리치료 중에 2010년 ACT를 새롭게 다시 만나 임상에 적용하였고, 2020년 ACT 익스턴십 수련을 받고 ACT와 과정기반 치료로 내담자와 상담자를 돕는 것에 전념하고 있습니다. 2022년부터 ACT인지행동치료연구회 회장을 맡고 있으며, ACT트레이너로 교육과 수퍼비전을 통해 마음챙김 기반 수용전념치료자를 양성하고 있습니다. 수목원, 시와 그림, 해산물과 커피, 아이스하키와 축구, 별뉘와 마음챙김 명상을 좋아합니다. 주요 저·역서로는 「트라우마 치유를 위한 마음챙김 기술」(공역), 「우울과 수치심의 수용전념치료」(공역), 「트라우마 초점 심리치료 ACT」(공역), 「아동·청소년을 위한 수용전념치료」(공역), 「가치 기반 수용전념치료(ACT)」(공역), 「마음챙김, 소풍명상」(저) 등이 있습니다.

역자 서문

수용전념치료(ACT) 매트릭스는 심리적 유연성을 증진시키는 훈련의 도표란 뜻입니다. 2014년과 2016년 케빈 포크, 쉰돌프 등이 학술 저서로 공식 발표했습니다. ACT 매트릭스와 그중 하나인 언어 합기도는 심리적 유연성을 도와주는 심리치료의 혁신적 도구입니다. 사실 ACT를 실무에서 쉽게 적용하기 어렵습니다. 그런데 2019년 임상심리학자 케빈 포크 박사의 ACT 매트릭스를 만나고 내담자에게 ACT의 유연성 과정을 체험하게 돕는 것이 한층 쉬워졌습니다. 그의 매트릭스 두 직선이 만들어내는 다양한 가능성과 쉬운 이해는 내담자가 자신을 알아차림하는 데 큰 도움을 주었으며 '마음챙김 없는 마음챙김' 훈련이라는 말이 잘 들어맞았습니다.

ACT는 헤이즈가 1980~1990년대 누적 연구 후 창시하고, 스트로살, 윌슨 등 동료와 공동 개발한 치료입니다(Hayes et al., 1999). ACT는 마음챙김이 뼈대인 치료이론으로 심리적 유연성의 증진이 핵심인 치료입니다. ACT 매트릭스는 개인이 회피행동과 가치 접근 행동을 시각적으로 보고 알아차림을 돕습니다. "내가 지금 파괴적 행동을 하고 있고 이것은 가치에 도움이 되지 않는구나! 내가 지금 가치와 연관된 행동을 하고 있구나! 이것은 원하는 대로 사는 데 효과적이구나!"를 깨닫게 도와줍니다. 매트릭스는 이유 대기를 거리를 두고 보며, 불안하면 항상 회피하는 등의 경직된 레퍼토리 대신 다양한 행동 목록(명상, 운동, 보류, 수용, 대처 등)을 제공해 효율적으로 반응하는 법을 알려줍니다. 영화 '매트릭스'에서 인류가 자각이 없어 가상 세계에 구속된 장면을 기억합니다. ACT 매트릭스는 인간이 여러 문제와 생각에 빠져 매여 있는 모습일 때, 알아차림으로 인간을 속박으로부터 해방하도록 도울 도구라는 면에서 맥락이 같습니다.

심리학 분야 책 중 ACT 매트릭스를 쉽고 체계적으로 설명한 책은 사실 찾기 어렵습니다. 가장 최근에 나온 이 책을 보고 심오한 행동과학의 내용을 참 쉽게 풀어낸 것에 대해 매료되었습니다. 피곤함과 고통이 있고 '그리고' 즐거움이 있고 가치전념하며 읽고 이해하며 책을 출간했습니다. 실제로 고되지만 보람된 과정이었습니다. 심리적 유연성을 배우고 싶은 심리학, 정신과학 관련 전공 학생, 상담 및 치료 일을 하는 심리학자, 의사, 사회복지사, 간호사, 상담사와 수련생, 교사, 일반인들에게 좋은 도구가 될 것이라 믿어 의심치 않습니다.

인간은 자기의 모상인 도구를 만들고, 그걸 올라타고 나서야 자기 이해와 세상 조망이 다차원적으로 깊어지며 참 성장과 자유를 얻기도 합니다. 버크민스터 풀러가 "새로운 사고방식을 가르쳐 주고 싶다고 괴롭힐 일이 아니라 대신 생각할 수 있는 적절한 도구를 주어라."라고 말했습니다. 역자는 "사람은 스스로 변화하는 것이 최선이며, 차선으로 변화를 돕고 싶다면, 변화에 앞서 먼저 수용을 주고, 다음에 유연한 사고의 도구를 제공하면 효과적이다."라고 강조합니다. 인간이 역량이 부족하고 미성숙하더라도 완성도 높은 과학적 도구와 함께라면 더 낫고 공동체에게 이롭습니다. 매트릭스가 인간의 굴레에서 자유하게 하는 치유 도구로 더 발전하길 바랍니다. 역자가 가치전념하는 심리학자로 살 수 있도록 가시적으로, 때로 은밀하게 도움을 준 분들, 스승님, ACT인지행동치료연구회 동료들에게 감사합니다. 자기 경험을 나눠주어 배우도록 매번 통찰과 깨우침을 주는 내담자와 기회와 자유의지, 메타의 소중함을 주신 마음 안의 주님께 감사드립니다. 많은 분들이 스트레스를 유연하게 잘 대처하고 평안하기를 기원합니다.

한밭, ACT인지행동치료연구소에서

2024년 1월 12일 송승훈

저자 서문

우리 실험에 오신 것을 환영합니다.

당신은 이 책을 읽음으로써, 당신이 우리 실험의 일부가 되었다는 것을 알아야 합니다.

방금 제 말과 문장이 불편하고 꽤 불길하게 들립니까? 걱정하지 마세요. 이 실험은 당신이 이 책을 살펴보고 배운 모든 것들을 세상으로 가져가는 것 외에는 아무것도 포함되지 않습니다. 물론 이것으로 무엇을 할지는 결국 당신에게 달려있지만, 계속해서 읽는다면, 당신은 불가피하게 알아차림이 가능하기 시작할 것입니다. 그리고 알아차림은 이 책의 주요 지자 중 한 명인 케빈 폴크 박사기 만든 실험의 핵심입니다.

케빈Kevin은 ACT(Acceptance and Commitment Training 약자) 매트릭스[1]와 프로소셜 매트릭스(이하 친사회적 매트릭스)의 창시자입니다. 당신이 이 책을 가지고 있다면, 우리는 당신이 그들 중 한 가지 혹은 두 가지에 대해 잘 알게 된다는 것에 기꺼이 내기를 걸 수 있습니다. 당신은 아마도 그것들이 매우 단순하다고 알고 있을 것입니다. 단지, 수평선과 수직선, 위에는 오감이 있고 아래에는 마음이 있으며, 가운데에는 관찰하기가 있다는 것입니다. 이 책의 목적은 ACT와 친사회

---

1 매트릭스 matrix: 행렬 도표란 뜻이다. 여기서는 ACT 심리적 유연성을 위한 두 교차하는 선이 만드는 4분면의 표를 말한다. 매트릭스는 마음챙김 없는 마음챙김 도구라고 부른다(역자 주).

적 매트릭스라는 큰 모자 아래에 있는 매트릭스, ACT, RFT, 기능적 맥락주의, 심리학 분야 전반에 관심 있는 사람들에게 그들이 어떻게 작동하는지를 설명하고, 어떻게 심리적, 경제적, 과학적 전통, 다양한 철학의 일부인지를 보여주는 것입니다. 우리는 당신이 이 이론과 연구, 실험을 언어 합기도verbal aikido[2]의 기술로 어떻게 연습할 수 있는지를 보여주는 것으로 끝을 맺을 것입니다.

그러나 매트릭스에 이미 익숙하더라도 그 시작 방법을 모를 수 있습니다. 2003년, 케빈은 메인주 첼시의 토거스Toqus에서 근무하고 있었습니다(아카 토거스 참전용사 행정센터). 그와 함께, 심리학자 제럴드 함브라이트Gerald Hambright는 외상후 스트레스 장애(PTSD)를 가진 참전용사를 위한 외래 치료 센터를 운영했습니다. 케빈은 임상심리학 분야에서 일하고 있었지만, 실험심리학 배경을 가지고 있었고, 그의 전문 분야는 실험을 진행하고 결과를 관찰하는 것이었습니다.

토거스에서 케빈은 자신의 실험적 경험을 활용하며, 경력을 통해 모든 치료가 두 가지로 요약된다는 깨달음에 이르렀습니다. 즉, 하나는 사람들이 내부와 외부에서 무엇이 일어나고 있는지 알아차리는 것을 돕는 것이고 다른 하나는 그들의 행동이 어디로 이끌리고 있는지 알아차리는 것을 돕는 것이라는 겁니다. 이 깨달음은 그를 데려다가 오감five sense과 정신경험mental experiencing 간의 차이, 그리고 만족satisfaction과 안도감(경감)relief을 추구하는 느낌 사이의 차이를 알아차리는 것이 심리적 유연성을 증가시킬 것이라는 믿음으로 이끌었습니

---

2 언어 합기도 verbal aikido: 매트릭스를 언어적으로 풀 수 있게 합기도에 비유하여 구성한 유연성 모형이다. 치료자와 내담자의 대화에서 알아차림하고 가치로 피벗하는 방향 전환을 하는 과정을 잘 나타내는 실습도구이다(역자 주).

다. 지금 당신이 테스트의 피험자이자 관리자가 되려고 하는 실험은 토거스에서 시작한 실험이며, 이론은 검증되었습니다. 구체적으로, 이 실험의 목적은 사람들이 세계에서 시도해 볼 새로운 행동을 생각해 내고, 그 행동이 그들이 원하는 삶으로 나아가는 데 얼마나 효과적인지 알아차리는 데 있었습니다. 이것에 대한 더 기술적인 용어가 있지만, 나중에 그에 대해 자세히 알아보겠습니다.

이 실험은 매트릭스를 이루는 두 개의 선을 만들어 냈습니다. 세로선(수직)은 오감 경험과 마음 경험 간의 차이이며, 가로선(수평)은 안도감(경감)과 만족감 사이의 차이입니다. 가운데 공간의 관찰하기 noticing와 각 사분면의 네 가지 질문과 같은 다른 내용들은 모두 더 이후에 개발되었습니다. 이 매우 단순한 형태에서 케빈과 그의 동료들은 실험이 효과가 있다는 것을 발견했습니다! 오감과 정신 경험, 그리고 만족감과 안도감(경감) 간의 차이를 알아차리는 것은 사람들이 새로운 행동을 유도하는 데 도움이 되었습니다. 이것은 그들이 원하는 삶으로 나아가도록 도왔습니다.

그러나 이 실험은 토거스에서 끝나지 않았습니다. 케빈은 그 이후에도 계속되었으며, 그의 공동 저자들은 각자의 분야에서 이 실험의 일부가 되었습니다. 필 테나글리Phil Tenaglia는 여러 해 전에 학교로 이 실험을 가져가며 뉴저지의 해밀턴 타운십 공립 교육 시스템에서 이 실험을 반복적으로 검증했습니다. 또한 그는 지속적인 가족 치료 실제에서 중요한 구성 요소로 이 실험을 적용해 왔습니다.

무수히 많은 다른 사람들도 이 실험의 일부가 되었고… 이전에 그것의 일부가 아니었다면, 당신은 이제 그 일부분이며 구성원입니다. 당신이 매트릭스를 세계로 필드로 가져가서 다른 사람들에게 직접 알아차림하도록 도와주지 않더라도, 자신이 매트릭스를 직접 해봄으로써 자신의 심리적 유연성을 높이고 있는 것입니다. 다른 사람에게서 매트릭스를 보여주고 있든, 스스로 보여주고 있든 상관없습니다. 그리고 당신이 어떤 것을 하든 간에 알아차리고 있는 것이 전부이고 그것으로 충분합니다.

ACT 매트릭스 아카데미
2022년 10월 17일 Kevin Polk · Phil Tenaglia

차례

실험에 오신 것을 환영합니다.

PART 01

기능, 맥락 그리고 실효성

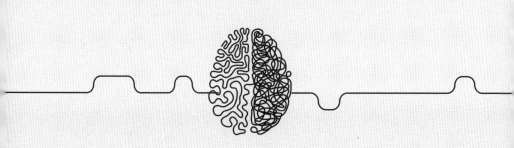

PART 01

기능, 맥락 그리고 실효성

 수용전념치료 및 친사회적 매트릭스

우리는 일반적으로 작업 규칙을 정할 때, 일을 너무 복잡하고 전문적으로technical 만들지 않도록 노력합니다. 매트릭스(ACT & ProSocial Matrix)를 사람들에게 보여줄 때 이론, 연구 및 매트릭스 생성에 이르기까지 복잡한 용어와 심화 이론 내용들의 공세적 제공은 질리게 하고 효과적이지 않습니다. 당신이 연구자, 학자, 사회과학자 또는 다른 무언가에 종사하는 사람이라 할지라도 실제로 사람들과 함께 치료 작업할 때는 모든 부분에서 난이도가 높고 전문적인 내용일 필요는 없습니다. 그렇긴 하지만 이 책의 중심은 모든 전문적인 내용에 맞춰져 있으므로 우리는 소매를 올리고 이 모든 것에 뛰어들

것이며, 당신도 (기꺼이) 참여해 주기를 희망합니다.

그러나 전문적이고 기술적인 것들이 시작되기 전에 ACT 및 친사회적ProSocial 매트릭스를 살펴보는 것은 가치가 있습니다. 결국, 그것들은 우리의 출발점이며, 이 책의 모든 것은 그것들을 기초로 하는 아이디어와 처리과정에 관한 것입니다. ACT 및 친사회적 매트릭스에 대해 정교하게 알고 있고 이 부분을 읽을 필요가 없다고 느낄 수 있겠지만, 부드럽게 당신에게 이 파트를 읽을 것을 권장합니다. 우리는 당신이 이전에 들어보지 못한 몇 가지 주제를 다룰 것입니다!

케빈은 2009년에 ACT 매트릭스를 만들었고, 그로부터 2년 뒤에 친사회적 매트릭스를 만들어달라는 요청을 받아, 2012년에 만들었습니다. 매트릭스 도표diagram는 둘 다 매우 유사하지만 두 가지 주요 차이점이 있습니다. 그 차이점은 함께 보면 쉽게 구별하고 알아볼 수 있습니다.

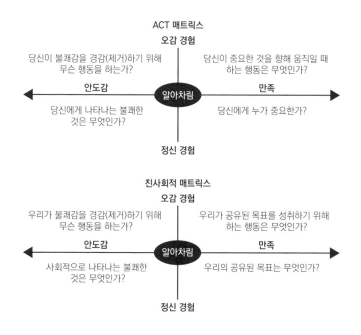

두 도표의 차이점이 보시나요? 무슨 차이인지 정확하지 않다면 걱정하지 마세요. 우리는 앞으로 그것들을 자세히 살펴볼 것입니다.

ACT와 친사회적 매트릭스 간의 미묘한 차이 중 하나는 전자가 개인에 중점을 두는 반면, 후자는 집단에 중점을 둔다는 것입니다. ACT 매트릭스의 질문에서는 2인칭 단수형 "당신"을 사용하는 반면, 친사회적 매트릭스의 질문에서는 3인칭 복수형 "우리"를 사용합니다. ACT 매트릭스를 보여 줄 때 각각이 자신의 개인 도표에 작업하도록 하고, 친사회적 매트릭스를 사용할 때는 모두 함께 일관된 집단 도표에 작업하도록 합니다.

다른 점은 아마 더 눈에 띄는데, 친사회적 매트릭스의 한 질문이 변경되었다는 것입니다. 이것은 도표의 집단 중심적 성격을 반영하기만 한 게 아니라 새롭게 뭔가를 물어보기 위한 것입니다: 우리의 공유 목적은 무엇인가요?

집단 내 공유 목적이 필요한 이유

사람들에게 중요한 것에 관해 물으면 대답은 쉽게 떠오릅니다 (예: 친구, 부모, 형제, 배우자, 자녀, 동료, 애완동물 등). 이것은 너무 직관적인 질문이라 효과적으로 작동합니다. 그러나 개인의 범위를 벗어나 전체 집단을 바라볼 때는 덜 직관적입니다. 집단에게 "누가"가 더 중요한지보다는 "무엇"이 더 중요한지가 더 의미가 있습니다. 후자 무엇은 집단이 달성하려는 목표 또는 다른 말로는 집단의 공유된 목적을 나타냅니다.

공유 목적의 아이디어가 어디에서 나왔는지, 그리고 집단에게 왜 필요한지를 더 잘 이해하기 위해 우리는 엘리뇨 오스트롬 연구를 살펴봐야 합니다. 2012년에 안타깝게도 사망한 오스트롬은 거대한 영향력을 지닌 정치 경제학자로서 최초로 노벨 경제학상을 수상한 여성입니다. 오스트롬은 자원이 고갈되지 않고 사용될 수 있는 방법을 연구했습니다. 그녀는 공유 자원에 무제한 접근을 허용하면 집단이 자원을 자신의 이익을 위해 낭비하고 완전히 고갈시킬 것이라는 우세한 경제이론을 반박했습니다. 아마도 당신은 이 이론에 대해 들어본 적이 있을 것입니다. 그것은 "공유 자원의 비극tragedy of the commons"이라고 불립니다.

가장 간단한 용어로 설명하자면(우리는 경제학자가 아니며 간단한 것을 좋아합니다!), 공유 자원은 사회에서 이용할 수 있는 모든 자원을 나타냅니다. 오스트롬은 공유 자원이 과도하게 이용되고 고갈되지 않을 방법을 연구했습니다. 이를 위해 그녀는 집단과 그들이 가진 자원을 어떻게 사용하는지를 분석했습니다. 그녀와 동료들은 실제로 관찰한 매우 성공적인 집단을 기반으로, 그녀는 공유 자원을 관리하기 위한 여덟 가지 디자인 원칙을 도출했습니다. 이러한 원칙을 따르면 집단은 자원을 더 효율적으로 관리할 수 있으며, 이는 경제를 넘어서 효과적인 집단을 위한 지침으로 일반적으로 해석되었습니다.

그럼 친사회적 매트릭스와 어떻게 연결되는 걸까요? 케빈과 다른 이들이 친사회적 매트릭스를 만들 때, 그들은 오스트롬의 디자인 원칙을 제시하려고 했고, '결과적으로 이러한 원리 중 첫 번째는 명확한 공유 목적의 설정으로 매우 포괄적으로 해석될 수 있었습니다.

그러나 공유 목적이 매우 중요함에도 불구하고, 우리는 경험상 이에 대해 묻는 것이 사람들을 혼란스럽게 만들기 쉽다는 것을 발견했습니다. 그것은 집단의 사람들이 자주 생각하는 것이 아니기 때문입니다. 그렇지만 사람들은 알아차림할 때 공유 목적에서 가치를 보고, 명확한 답변을 내려고 노력할 것입니다. 물론 그들이 그렇게 할 때마다, 우리는 그들이 말하는 모든 것을 오른쪽 하단의 사분면에 기록합니다.

이것은 분명히 누가 중요한 사람이냐고 질문하는 것만큼 즉각적이고 감동적이지 않지만, 결국 집단은 공유 목적을 찾아내게 될 것입니다. 일단 중요한 것을 찾게 되면, 중요한 것들은 정말로 구르고 가치 방향으로 움직이기 시작할 것입니다. 사실, 한 번 집단이 공유 목적을 세우면, 오스트롬의 다른 디자인 원칙들은 자연스럽게 적용됩니다. 케빈은 이러한 원칙들이 친사회적 매트릭스 처리과정에 명시적으로 기재되지 않아도 되는 것을 발견했습니다. 공유 목적을 명확하게 정하는 것만으로도 집단이 더 효과적으로 활동할 수 있게 되는 것이었습니다.

오스트롬의 집단의 행동 연구에서 나온 공유 목적의 기원은 ACT 매트릭스, 친사회적 매트릭스 또는 둘 다를 진행하는 전체 매트릭스 처리과정 자체에서 행동의 중요성을 가리킵니다. 매트릭스를 어떻게 사용하든 이것을 마음으로 기억하세요(가치전념). 행동과 행동을 관찰하는 것이 변화로 이끄는 것입니다. 우리가 원하는 곳으로 이끌어가는 행동을 찾기 위해서는 다양한 시도를 해보고 어떤 것이 효과적으로 작동하는지 확인해야 합니다.

행동 연구에 뿌리를 둔 것은 공유 목적뿐만이 아닙니다. 행동은 세계에서 사람들이 어떻게 행동하는지에 대한 과학적 및 철학적 탐구에서 나왔으며, 이는 전체 매트릭스 처리과정에서 불가결한 부분입니다. 이를 염두에 두고, 이제 우리는 매트릭스의 매우 중심에 자리한 행동과학 이론을 소개할 때입니다.

2 기능적 맥락주의 관점

여러 해 전에 케빈은 어떤 한 임상심리학 박사 후 과정생에게 **기능적 맥락주의**에 대해 설명해달라는 요청을 받았습니다. 그는 이 강의가 쉽지 않다는 것을 알았습니다. 이것은 사람들이 어려운 기능적 맥락주의에 대해 얘기해달라고 자주 요청하지 않으며, 케빈의 수강생은 아마도 인턴 과정의 일환으로 참석해야만 한다는 것을 의미합니다. 그렇기 때문에 대부분 이 강의에 충분한 주의를 기울이지 않을 것이란 것을 의미합니다. 쉽게 요약하자면, 케빈은 어려우면서도 일반적이지 않은 주제를 동기부여가 낮은 청중에게 제시해야 하는 까다로운 상황에 부딪혀 있다는 것을 알게 되었습니다.

어느 날 밤, 케빈이 강연을 준비하던 중에, 그에게 가장 좋은 접근 방식은 기능적 맥락주의를 이해하고 설명할 수 있도록 간단한 형태로 분해하는 것이라는 생각이 들었습니다. 먼저 그는 "기능적 functional"과 "맥락context"이라는 단어를 나누는 데 초점을 두었습니다. 행동의 기능에 중점을 둔 철학이기 때문에 그는 맥락을 수직선으로 표현하기로 결정했습니다. 맥락 수직 라인의 상단의 반은 외부 환경의 맥락을 나타내고, 맥락 수직 라인의 하단의 반은 인간의 마음mind[3]

3　마음 mind: mind의 번역 단어로 역자는 '마음'을 선택했다. ACT 맥락에서는 정서적인 감정이 아닌 기계적이고 문제 해결적인 생각을 포함하는 대뇌(brain; head) 인지를 주로 뜻한다. 마음은 사람의 생각, 감정, 기억 등이 생기거나 자리 잡는 공간이나 위치를 말한다(표준국어대사전). 역자도 유전적이고 자동적인 인지 부분을 마인드(mind)라고 보고 선호하고 있으나 혼란을 줄이기 위해 "마인드" 대신 mind에 대한 한국 학계에 보편적인 번역어 "마음"을 따랐다. 저자는 mind의 대체어로 head도 사용했다. 마음속, 머릿속으로도 혼용하여 번역하였다(역자 주).

에서 끊임없이 일어나는 내부적 경험의 맥락을 나타냈습니다.

그러나 케빈은 여전히 기능적 맥락주의의 "기능적" 부분이 필요했습니다. 수직 y축과 수평 x축이 있는 데카르트 좌표계에서 영감을 받아, 그는 기능을 수직 맥락 라인을 양분하는 수평 라인으로 그렸습니다. 자신의 임상심리학자 수련 과정 시절에서 배운 부분을 떠올리며, 그가 알고 있었던 것은 이 수평 라인상에 두 가지 기본 기능이 표현되어야 했다는 것이었습니다. 즉, 수평 라인의 오른쪽은 정적인 positive 강화, 즉 원하는 것을 얻어내어 행동을 강화하는 행동입니다. 그리고 수평 라인 왼쪽은 부적인negative 강화, 즉 원하지 않는 것을 없애기 위해 수행되는 행동입니다. 케빈은 간편하고 단순한 것이 중요하다고 생각합니다. 너무 많은 생각을 하지 않고 단순하게 정적인 강화를 오른쪽에, 부적인 강화를 왼쪽에 놓기로 정했습니다.

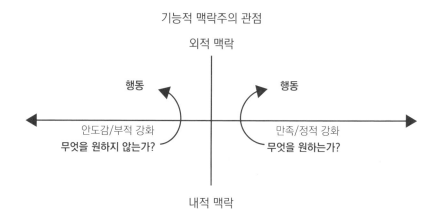

이 간단한 두 개의 교차 선으로, 케빈은 어떤 행동이 정적인 강화 또는 부적인 강화에 의해 유지되는지를 확인할 수 있는 동시에 그 행동의 맥락, 즉 외부적인지 내부적인지도 식별할 수 있다는 것을 알

아냈습니다. 게다가 이 두 줄은 다른 사람에게 보여주기에 굉장히 간단할 것이라고 생각했습니다! 케빈은 이 도표를 사용하여 매력적인 강의 발표를 할 수 있을 것이라는 자신감을 갖고 그날 밤에 잠에 들었습니다.

그런데 다음 날 폭풍우가 몰아치고 그 강의 발표는 취소되었습니다.

꽤 용두사미급 결말이지요? 만약 여기서 끝났다면 그렇게 느꼈을 것입니다. 그러나 여기에는 더 많은 이야기가 있습니다. 발표가 취소된 몇 주 후, 케빈은 출판사 뉴 하빈저(New Harbinger)에서 출간된 『**발달장애와 자폐가 있는 학습자를 위한 파생된 관계 구성적 반응 적용**(변화를 위한 진전된 가이드)』이라는 제목의 ACT 책을 우연히 우편으로 받게 되었습니다. 그 당시, 케빈은 ACT 책을 매우 열심히 읽고 있었기 때문에 이 책을 딱 이틀 만에 읽어버렸습니다. 이 책에는 응용에 관한 파트가 포함되어 있었고, 이 파트에는 자폐스펙트럼이나 학습장애가 있는 어린이들과 함께 변별 작업 또는 정렬 작업을 어떻게 진행할지에 대한 조언이 포함되어 있었습니다. 케빈이 이 책을 읽고 우리 실험의 핵심이라고 볼 수 있는 변별 작업에 대한 아이디어를 얻었습니다.

케빈은 외상후 스트레스 장애(이하 PTSD)를 겪는 참전용사들과 함께 작업할 때 깨달은 바가 있습니다. 그는 군인들의 외부 감각과 내부 감각을 알아차릴 수 있었고, 두 감각 간의 차이를 알아차릴 수 있었습니다. 그가 읽은 책 속의 분류 작업에서 영감을 받아 PTSD 관련 기억 분류정렬 게임sorting game을 위한 도표를 만들었습니다. 그러나 그 게임을 군인들에게 사용하는 것은 실현되지는 않았습니다. 왜냐하면 그는 정렬 게임에 활용되는 것 이상의 더 가치 있는 도구를 만들었다는 것을 스스로 깨달았기 때문이었습니다. 그것은 그가 몇 달 전에 준비했던 기능적 맥락주의 강의를 위해 만든 도표였습니다.

그가 옛 아이디어를 새롭게 경험하고 있는 것이었습니다! 그가 촉발된 영감으로 오해한 것은 실제로 오래된 아이디어가 재현된 것이었습니다! 그로부터, 그는 자신이 만든 기능 및 맥락의 라인과 그가 고안한 변별 작업을 결합하여 나중에 **ACT 매트릭스**라고 이름 짓는 창의적 결과물을 만들었습니다.

이 이야기로부터 어떤 교훈을 얻을 수 있을까요? 일단은 자신의 아이디어를 재검토하고 훔치는 것이 도움이 될 수 있습니다. 그러나 더 중요한 교훈은 기능적 맥락주의가 매트릭스의 DNA 안에 내재되어 있다는 것입니다. 말 그대로, 매트릭스는 기능적 맥락주의인 관점이라는 것입니다. 이제 이 중요한 사실을 알았으니, 우리는 이제 기능적 맥락주의 자체를 자세히 설명하겠습니다.

기능적 맥락주의란?

행동과학behavioral science에 익숙하지 않은 분들이나 최소한의 간단한 개념 학습이 필요한 분들을 위해 요약해 보겠습니다. 기능적 맥락주의는 행동과학의 철학입니다. 다시 말해, 이는 주변 세계에서 우리의 위치와 행동의 기능을 이해하는 한 방식입니다. 철학이자 과학이기 때문에 관찰 및 경험적 증거에 기초하면서 우리가 어떻게 살아가는지에 대한 심오한 질문을 던집니다.

우리가 서로 어떻게 살아야 하는지에 대해 사유하는 철학자들이나 우리 행동의 생물학적 원인을 밝히기 위해 인간 몸을 연구하는 과학자들, 우리는 말을 할 수 있는 한 우리의 행동의 기능에 대해 묻고 있습니다. 이 질문에 대해서 다양한 사람 수만큼이나 다양한 수의 답변들이 있었고, 우리는 지금까지 기능적 맥락주의가 제공하는 다양한 답을 이미 암시해왔습니다. 이제 우리가 바로 설명할 차례입니다.

우선 케빈의 간단한 최초의 매트릭스를 사용해서 설명해 봅시다. 수평선이 기능을 나타내므로 기능적 맥락주의 시각에서 사람들의 행동에는 주로 두 가지 주요 기능이 있습니다. 즉, 안도감(경감)을 얻거나 만족감을 얻기 위한 것입니다. 매트릭스에 대해 어느 정도 알고 있다면 안도감(경감)을 얻는 것에 대한 의미를 이미 알고 계실 것입니다. 그렇지 않은 분들을 위해 간단히 한 번 더 설명해 보겠습니다. ① 안도감(경감)은 **부적 강화**negative reinforcement의 개념과 기본적으로 동일합니다. 심리적으로 불쾌한 무언가를 없애기 위해 행동해서 결국 그 불쾌한 무언가를 제거하는 것입니다. 이 말은 좀 길지만, 그래서 우리는 그냥 이것을 "안도감(경감)을 얻는 것getting relief"이라고 부릅니다.

시소처럼, 스펙트럼의 다른 한쪽 끝에는 ② 만족을 얻기 위해 사람들이 하는 행동들이 있습니다. 보다 정확하게는 이를 접근행동이라고 할 것이며, 더 심리학 전문용어로 **정적 강화**positive reinforcement의 범주에 속합니다. 우리는 이미 정적 강화에 대해 간략히 다뤘지만, 좀더 심층적으로 들어가 보면 그 기능은 음식, 거주지, 그리고 모든 것을 함께 나눌 사람들과 같이 원하는 것을 얻기 위한 것을 말합니다. 간단히 말해서, **만족감 행동**은 무언가를 추가하기 위한 것이며, **안도감(경감) 행동**은 어떤 것으로부터 멀어지거나 무언가를 제거하기 위한 것입니다. 모든 행동이 이 두 가지 기능 중 하나에 속할 수 있다는 것이 지금은 그럴듯하게 들리지 않을 수 있지만, 이는 인간 경험에 대해 통합하는 매우 단순한 본질적 기능들입니다. 쉽게 말해 우리는 항상 삶에서 무언가를 더 더하거나 빼려고 합니다. 그것에는 지식, 물건, 감정, 경험, 사람 등이 포함됩니다.

그러나 행동은 통제된 진공 상태에서 일어나지 않습니다. 각각의 행동은 정황, 즉 맥락에 기반을 두고 있습니다. 이 지점이 지금부터 기능적 부분의 **맥락주의**contextualism**의 설명**으로 이동하는 부분입니다. 행동의 기능은 그 행동이 진행되는 맥락에 따라 다릅니다. 맥락주의의 맥락은 당신이 알고 있는 대로 케빈의 원본 매트릭스 도표의 수직선으로 표현할 수 있습니다. 현재로서는 이 선의 상단 부분에 관심이 있습니다. 이 부분은 당신이 오감five sense을 경험하는 것에서 알아차리는 맥락입니다. 당신 주변의 세계에서 보고, 듣고, 만지고, 맛 보고, 냄새를 맡을 수 있는 것들입니다.

예컨대, 달리기를 생각해 보세요. 이것은 꽤 간단한 행동으로 보입니다. 목적은 간단합니다. 빨리 어딘가에 도착하기 위한 것입니다. 그러나 달리기는 항상 특정한 맥락에서 발생합니다. 언제나 어딘가에 있고, 무언가를 감지하며 사람들과 함께(혼자 있거나) 있습니다. 그리고 100미티 대회에 참가해서 다른 경쟁자들과 관중석에서 응원을 받는 상황에서 달리면, 뛰는 기능은 달리기 선수로서 1등으로 결승선에 도달하고 승리를 얻는 것입니다. 그러나 공포 영화에서는 상황이 다릅니다. 칼을 든 연쇄살인마가 밤중에 집 안에서 당신을 쫓아올 때 달리는 기능은 살인마로부터 살기 위해 피하려는 것이겠죠! 따라서 행동의 기능이 만족감을 찾거나 불쾌한 것으로부터 안도감(경감)을 얻으려는 것인지는 ① **외적인 맥락**에 크게 영향을 받습니다.

대부분의 사람들에게는 이해하기 가장 쉬운 것일 수 있지만 외부 맥락만이 맥락이 아니며, 또 다른 종류의 맥락이 있습니다. 이것은 수직선의 하단 부분으로 나타낸 마음, 즉 정신경험 차원의 ② **내적인 맥락**입니다. 이것은 행동을 할 때 당신 내면 안에서 일어나는 것입니다. 이 내부 맥락이 무엇인지 더 잘 이해하기 위해 예를 들어보겠습니다. 오늘 매우 기분 나쁜 최악의 날이라고 가정해 봅시다. 모든 것이 잘못된 방향으로 일이 틀어져서 아마도 모든 것에 대해 기분이 나쁘고 짜증이 날 것입니다. 그것은 매우 즐거운 내적인 맥락이 아닙니다. 그러나 그것은 당신의 하루에 대한 당신의 내적인 맥락이 될 것이며, 당신이 어디에 있든, 그리고 당신이 안도감(경감)을 주는 행동이나 만족을 주는 행동을 하든 상관없이, 당신은 그것을 머릿속에 가지고 다닐 것입니다. 이것은 가벼운 감기에 걸린 상태와 같습니다. 일상생활을 하는 동안 불편한 무언가가 당신 안에 일어나고 있다고 생각해 보세요. 우리는 이것이 당신의 행동의 기능에 영향을 미칠 것이라고 확신합니다. 마음과 감각은 서로 독립적이지 않습니다. 당신의 내적인 맥락과 외적인 맥락은 동시에 발생하여 당신의 행동의 완전한 맥락을 형성합니다. 이것이 매트릭스가 나타내는 것입니다.

당신의 주변 세계와 관련된 외적인 맥락과 내부 경험과 관련된 내적인 맥락, 그리고 이 모두를 동시에 관찰하는 경우를 맥락주의라고 합니다. 맥락으로 본다는 것은 맥락을 통해 개인의 행동을 조사하는 것입니다. 맥락주의에서는 "옳은" 행동이나 "틀린" 행동이 없으며, 그저 오래된 관찰의 방식일 뿐입니다. 그러나 이것만으로는 기능적 맥락주의가 아니며 충분하지 않습니다.

언어는 기능적 맥락주의를 일반적인 맥락주의와 구별 짓는 데에 대한 명백한 단서를 제공합니다. 기능적 맥락주의의 "기능"의 부분은 이를 처음 개념화한 임상심리학자 헤이즈가 추가한 것입니다. 그가 덧붙여 설명하길, 행동을 관찰하는 것을 넘어 "실효성", 즉 '당신의 행동이 목표나 명시된 존재 방식에 도달하는 데 효과적이고 도움이 되는가?' 여부에 대한 질문이 중요하다고 강조했습니다. 케빈은 그의 공동 연구자 중 한 사람이었으며, 헤이즈와 이 기능적 맥락주의 관점을 무엇이라고 부를지, 어떻게 하면 더 쉽게 접근할 수 있게 만들 것인지 이메일을 주고받았습니다. 그 과정에서 그들이 정한 이름은 "실효성workability[4] 모형"이었습니다.

실효성 모형

실효성은 기능적 맥락주의보다 사람들이 이해하기 쉬운 개념입니다. 행동이 실효성이 있는지 묻는다면, 실제로는 그 행동의 기능에 대해 외부적 및 내부적 맥락에서 묻고 있으며 그 행동이 당신이 가고자 하는 방향(가치)으로 나아가고 있느냐, 아니냐 여부에 대한 것입니다. 이것을 기능적 맥락주의의 언어로 설명하려고 하면 어려울 수 있지만, 실효성의 언어를 사용하면 대화의 내용이 명확해집니다. 당신이 할 일은 "이것이 당신이 가고자 하는 곳(가치 방향)으로 나아가는 데 도움이 되고 있습니까?"와 같은 말만 하면 됩니다. 우리는 이것을 실효성 질문이라고 부르며, 이것을 통해 사람들로부터 중요한 응답을 얻을 가능성이 훨씬 높아집니다.

시각적으로는 매트릭스를 사용하여 실효성 모형을 나타낼 수 있습니다. 두 줄 주위에 큰 원을 그려 실효성 질문을 적어 놓으면 됩니다.

다만, 다음 이미지는 사람들을 혼란스럽게 만들기 때문에 우리는 방금 전 방식의 작업을 자주 하지 않습니다. 그것은 나중에 활용하는 고급 과정의 심리적 유연성 매트릭스의 모습입니다.

---

4 실효성 workability: 효용성, 효과성이라고 번역할 수 있으나 역자는 실효성을 선택했다. 실제 효과적인 성질의 것인지 아닌지를 묻는 것을 의미한다. 어떤 생각이 진실인지 아닌지의 관점은 실효성이 아니다. '어떤 행동이 맞다가 아니라 어떤 맥락에서 효과적이다.' 또는 반대로 '어떤 행동이 틀리다가 아니라 다른 맥락에서는 비효과적이고 효용성이 낮다.'라는 식으로 접근하는 방식이며, 이것이 맥락주의의 핵심이다(역자 주).

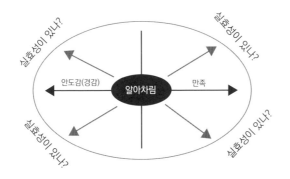

실효성 질문에 대해 주의해야 할 두 가지 중요한 점이 있습니다. 먼저, 당신이 실제로 이동하려는 가치(목표, 중요한 어떤 것)가 없으면 실효성 질문을 할 수 없습니다. 또한 가치(목표, 중요한 어떤 것)가 없으면 대답할 수 없습니다. 시작할 때 머릿속mind에 목표가 있어야 합니다. 그렇지 않으면 당신은 영원히 현재에 머물게 될 것입니다. 이는 문자 그대로 당신이 하는 모든 것이 당신이 가고 싶은 곳에 도착할 수 있도록 작동하는 것(효과적인 것)을 할 것이라는 것을 의미합니다. 왜냐하면 당신은 지금 있는 곳 말고는 다른 곳으로 가려고 하지 않을 것이기 때문입니다. 항상 그렇게 작동할 겁니다! 현재에 머문다는 것 정말 좋을 것 같고, 기분도 좋지만, 실효성이 있느냐는 질문에는 그렇다고 대답하지 못합니다.

실효성 질문도 단순히 말로 대답하기에는 어려움이 있습니다. 당신이 가고 싶은 곳으로 이동하는 데 있어서 어떤 것이 도움이 되는지 여부를 정말 잘 알 수 있는 유일한 방법은 그것을 실행하고 다음에 일어나는 결과를 잘 머물러 알아차림하는 것noticing입니다. 더 간단히 바꿔 말하면, 당신은 그것을 실행하지 않는 한 무엇이 효과적인지 모릅니다. 이것은 자명한 말처럼 보일 수 있지만, 언어가 질문에 대한 우리의 기본 수단이기 때문에 강조할 가치가 있습니다. 실효성을 언어적으로 분석하려는 시도는 도움이 되지 않습니다. 왜냐하면 (말을 하는 동안에는) 당신이 정말로 무엇을 하고 있는지 또는 그것이 당신이 가고 싶은 곳으로 이동하는 데 도움이 되고 있는지에 대해 제대로 알아차림하지 못하기 때문입니다.

물론 **행동분석** 전통behavior analytic tradition에 속한 기능적 맥락주의는 행동을 전체적으로 많이 분석하는 것과 관련이 있습니다. 그렇지만 기능적 맥락주의 관점과 행동분석 관점 간에는 큰 차이가 존재합니다. 그 차이는 누가 관찰을 하는가에 있습니다. 전자는 당사자가 자신을 관찰하는 것이고, 후자의 경우 행동을 분석하는 것이 전문가의 일이 될 것입니다. 우리는 기능적 맥락주의자로서 중간 단계를 생략합니다. 우리는 사람들에게 자신의 행동을 맥락 속에서 분석하고 무엇이 효과적인지를 알아내는 도구를 제공하며, 그런 다음 그들은 효과적인 행동을 수행하고 그들이 가고 싶은 곳으로 가는 네 도움이 되지 않는 행동을 제거할 수 있습니다.

기능적 맥락주의는 인간 행동을 바라보는 하나의 관점일 뿐이며, 특히 비교적 최근의 관점 중 하나입니다. 인간은 우리가 일하는 효과적인 방식에 대한 아이디어를 생각해 낼 수 있는 많은 시간을 가졌고, 우리는 그 시간을 최대한 활용했습니다. 인간 행동에 대한 여러 다른 철학 중 하나가 있습니다. 이름을 알거나 모르더라도 익숙한 것이 있을 것입니다. 이것은 산업 혁명 이후 매우 인기 있었던 것 중 하나입니다. 결국 제조 과학기술의 발전은 「기계로서의 인간」의 [메타포]가 부각된 이유 중 하나입니다. 그것이 우리가 특별히 효과성이 있다고 생각하는 철학은 아니지만, 함께 논의하는 것은 중요합니다. 어쨌든, 무엇이 효과적으로 작동하지 않는지 아는 것은, 무엇이 효과적으로 작동하는지 이해하는 데에 도움이 될 수 있습니다.

③ 메커니즘 vs. 근본적 행동주의

　기능적 맥락주의는 본질적으로 진화 과정을 모방합니다. 이는 사람들이 자신의 행동 범위를 인식하고 어떤 행동이 가장 도움이 되는지 선택할 수 있게 합니다. 마치 자연이 특정 환경에서 생존 목표를 달성하기 위해 가장 적합한 행동과 적응을 선택하는 것처럼 진화의 과정을 간단히 표현할 수 있습니다. 매우 단순히 말하면, 진화는 기능과 맥락에 주의를 기울이고 그에 따라 적응하는 자연 과정입니다! 따라서 당신이 자신의 행동에 주의를 기울이고 어떤 것이 유용한지 찾을 때, 당신은 개인화되고 즉각적인 자연선택 과정을 진행하고 있는 것입니다.

　기능적 맥락주의가 진화 과정과 비유한다면, 그와 대조적으로 메커니즘은 인간과 그 행동을 복잡한 기계처럼 여기는 관점입니다. 기능적 맥락주의가 기능과 맥락을 살펴보는 것과 달리 메커니즘은 원인과 효과의 관계를 살펴봅니다.

　이 원인과 효과에 중점을 둔 접근은 널리 알려져 있으며, 인지행동치료(이하 CBT) 및 사람들이 생각과 감정 간의 관계를 이해하는 방식에 영향을 미쳤습니다. 메커니즘 관점은 이론을 단순하게 만들기 때문에 이해하기 매우 쉽습니다. 당신의 생각이 감정을 일으키기 때문에 감정을 바꾸려면 생각을 바꾸기만 하면 됩니다. [메타포] 방식의 설명은 마치 「당신의 뇌가 큰 톱니바퀴 뭉치」이고 당신의 생각이 그것들을 움직이게 하는 레버라고 생각하는 것과 같습니다.

　자기 자신을 이해하는 비유로 기계를 채택한 이유는 명쾌합니다. 우리는 올바른 일을 쉽게 하는 것을 선호하며, 우리 자신의 내적인 문제를 해결하는 데 익숙한 것을 취하여 사용하기가 쉽습니다. 또한 원인과 결과는 매력적이고 명확합니다. 이것은 우리가 세계를 이해하는 방법으로 미리 준비된 것이고 원인과 결과가 없거나 인과 관계가 없는 경우에도 이를 기본적으로 적용하는 것입니다. 예컨대, '백신이 자폐증을 유발한다'[5]는 널리 퍼진 대중의 믿음을 생각해 보면 알 수 있습니다.

메커니즘의 한계

기계론적 관점, 즉 메커니즘이 잘 작동하지 않는 이유를 숙고해 보면, 명백한 한 가지 이유가 있습니다. 인간은 기계가 아니며, 인간의 마음도 그렇게 작동하지 않는다는 것입니다. 우리가 말하고자 하는 것을 감잡을 수 있으려면 다음을 상상해 봅시다. 자동차의 시동을 위한 점화 플러그가 고장이 났다고 상상해 보세요. 그리고 그것을 정비공에게 가져가면 정비공의 해결책은 간단합니다. 오래된 점화 플러그를 꺼내고 새로운 것을 교체하여 꽂으면 됩니다. 자! 이제 당신의 엔진에는 새로운 점화 플러그가 있으며 이전 것을 기억하지 않습니다. 이전 사건이 존재하지 않았던 것처럼 말이죠. 그러나 만약 인간이 기계여서 점화 플러그에 의존해 달려야 하고 교체할 필요가 있다면, 당신은 새로운 플러그뿐만 아니라 이전 플러그도 기억하게 될

---

5 1998년 2월 영국 내과의사 앤드루 웨이크필드가 국제 의학 학술지 랜싯에 "홍역 백신이 자폐증을 유발한다"라는 연구 결과를 발표했다. 12명 아이를 관찰한 결과, 홍역과 풍진 등을 함께 예방하는 'MMR 백신'과 자폐증이 상관관계가 있다고 주장한 것이다. 영국의 수많은 학부모가 '백신 공포'에 빠졌고, 홍역 백신 접종률이 떨어지면서 홍역 환자가 급증하기 시작했다. 영국 일반의학위원회가 웨이크필드 논문을 검증했다. 데이터를 조작했다는 사실이 드러나면서 2010년 논문을 취소하고, 웨이크필드의 의사 면허를 박탈했다.

것입니다. 퇴행성 질병degenerative disease에 걸리지 않거나 끔찍한 뇌손상을 입지 않는 한 인간은 자신의 생각을 없앨 수 없습니다. 이전 점화 플러그의 물리적 대상이 버려져도 여전히 머릿속에 그에 대한 생각이 남아 있을 것입니다.

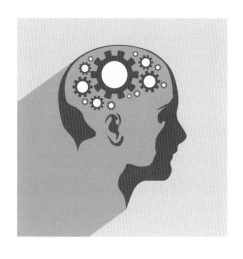

기계 부품은 서로 교환 가능하며 기계에서 분리되면 무의미해집니다. 그러나 인간은 자신의 일부를 기억합니다. 그것이 몸이든 마음이든 상관없이, 더 이상 그 부분이 없을 지라도 이전에 있었던 자신의 일부를 기억합니다. 더 일반적으로 어떤 것을 한 번 생각하면 그것은 우리와 함께 남아 있습니다. 그것은 사라질 수 없습니다. 그러나 생각에 대한 기계론적인 사고방식이 심리학에 스며드는 것을 멈출 수는 없었고, 기계론이 인간의 마음을 이해하는 방식을 형성하는 데 영향을 주어왔습니다. 예컨대, 지그문트 프로이드의 유압 이론hydraulic theory을 생각해 보세요. 이 이론의 일부는 카타르시스(정화)를 통해 나쁜 기억을 몸에서 내보낼 수 있다는 것이었습니다. 마치 몸에서 나쁜 음식을 토해 내면서 제거할 수 있는 것처럼 말이죠. 그러나 부정적 기억을 가져본 적이 있는 사람은 누구나 알다시피 그것들은 그냥 사라지지 않습니다. 얼마 동안 생각나지 않아도 언제든지 우리를 다시 찾아와 나타날 수 있습니다.

기계론적 접근은 매력적이지만 장기적으로 인간과 인간 행동을 이해하는 방식으로는 효과적으로 작동하지 않습니다. 이것이 기능적 맥락주의와 실효성 질문의 발달을 촉발한 이유입니다.

실효성 질문 자체(그리고 기능적 맥락주의 전체)는 **급진적 행동주의** radical behaviorism의 철학의 확장이었습니다. 이는 20세기 중반에 유명한 심리학자이자 행동주의자인 **B. F. 스키너**Skinner가 만들고 옹호한 철학입니다. 그의 생각은 당시 지배적이었던 사회과학과 상반된 입장이었기 때문에 대립되고 많은 비판을 받았습니다. 그중에서도 가장 주목할 만한 비평가 중 하나는 **언어학자 노암 촘스키**Noam Chomsky였습니다. 촘스키는 현재 정치 댓글러로 가장 널리 알려져 있지만 언어학자로서도 오랫동안 활동하고 있었습니다. 그는 스키너의 급진 행동주의와 언어에 대한 학문적 입장에 이견을 제기했습니다. 스키너는 언어가 정적 및 부적 강화를 통해 배워지는 행동이라는 생각을 고수했지만, 반면 촘스키는 인간들이 태어날 때부터 마음속mind에 가지고 있는 것으로 주장했습니다. 다시 말해, 촘스키는 언어와 그 사용 방식이 특정 맥락에서 특정 기능을 하는 것이 아니라 주로 마음의 생성물이라고 주장했습니다. 그는 또 급진적 행동주의에 대한 비평을 쓰고 그의 생각이 더 인기 있어짐에 따라 그 평론은 여러 여론이라는 일종의 법정에서 스키너의 생각에 큰 타격을 입혔습니다. 그러나 결국 급진적 행동주의는 다듬어져 세련되어졌고, 기능적 맥락주의로 살아남게 되었습니다.

우리는 메커니즘과 사고 중심의 정신적인 관점, 즉 인간 행동의 형태를 형이상학metaphysics의 한 형태로 보는 것으로 간주합니다. 이들은 본질적으로 물리적인 것 차원을 넘어서는 무언가에 근간을 두고 있다고 보는 것입니다. 마치 프로이트의 이드, 자아 및 초자아 개념처럼 마음의 힘에서 나온 것으로 여기며 감각을 무시하고 감각과 별개로 존재하는 일종의 내재된 정신적 힘을 선호합니다. 간단한 용어로 말하면, 그들은 가상의 것을 만들어 냅니다.

우리가 알다시피, 사람들은 가상의 것stuff up을 만들어 내는 데 아주 능숙합니다! 물론 가상의 것을 만들어 내는 것 자체에는 아무 문제가 없습니다. 비유적으로 정신적인 개념은 유용할 수 있습니다. 그러나 그것들은 실제가 아니며 만들어진 것을 기반으로 삶을 살려고 하면 제대로 작동하지 않습니다. 물질적인 것을 넘어서는 형이상학적인 신념metaphysical belief은 당신이 주변의 세계와 상호 작용하는 데 도움이 되지 않을 것입니다. 당신이 염력telekinesis을 믿을지 모르겠지만, 그렇다고 해서 다른 사람의 손을 들어 올릴 수 있는 것은 아닙니다. 비슷하게 메커니즘과 정신론은 물리적 세계와 그 법칙 외부에 존재하므로 당신이 살고 있는 세계의 맥락에서 당신의 행동을 설명할 수 없습니다. 스키너가 하려던 것은 심리학 분야에서 그런 형이상학적인 것을 배제하고 관찰 가능한 것에 중점을 두는 것이었고, 그의 아이디어를 받아들이고 개선한 사람들도 그의 발자취를 따랐습니다.

원인이 아닌 맥락

자극적인 비유로 말을 하자면, 우리는 목욕물을 버릴 때 그 속 아기를 함께 버리고 싶지 않습니다. 우리의 마음이 행동과 감정에 영향을 미치지 않는다고 말하는 것은 마치 우리가 이전에 내부 맥락의 힘에 대한 이야기와 모순되는 것처럼 보일 수 있습니다. 그러나 (정서적 경험 등) 내부 맥락은 인과관계가 아닌 행동의 맥락입니다. 그 차이는 언어 자체에 있습니다. 우리가 하는 일의 기능은 머릿속에서 일어나는 것에 영향을 받지만 이것은 인과관계와 동일하지 않습니다. 그리고 행동처럼 내부 맥락 또한 머릿속 밖의 세계와 별개로 존재하지 않습니다. 그들 간의 관계는 상호적인 성격을 가지고 있습니다. 맥락은 행동을 바꿀 수 있지만 행동도 맥락을 바꿀 수 있습니다. 예컨대, 당신이 뛰어오르고 소리치기 시작하면 자신의 행동의 맥락을 바꾸는 것뿐 아니라(지금은 펄쩍 뛰면서 소리 지르고 일하고 있다), 뛰어오르고 소리치는 사람이 있는 방 안의 모든 다른 사람들의 맥락도 바꿉니다.

"수용전념 훈련"은 이러한 아이디어를 받아들이고 이 철학을 실천합니다. 기계적 원리, 프로이트의 정신분석, 그리고 CBT와 같은 방법론 및 철학은 주로 사람들의 생각을 변화시키는 데 중점을 두었습니다. 그러나 우리와 같은 ACT 전문가와 실무자들은 사람들에게 내부 및 외부 맥락을 모두 변화시키는 도구를 제공하여 다른 행동으로 이어지도록 돕습니다. 우리는 여기서 멈추지 않습니다. 일단 맥락과 행동이 변경되면 효과성 관련 기능적 측면으로 방향 전환(피벗)하여 진행됩니다. 우리는 사람들에게 그들의 행동 변화가 궁극적으로 효과적이었는지 여부를 주목하고 알아차림할 것을 권장합니다. 내담자가 원하는 가치에 다가가는 데 도움이 되는 행동이라는 의미에서 효과성입니다. 처음에 ACT를 지향하는 심리학자들은 처음부터 "실효성 workability"이라는 용어를 사용하지는 않았습니다. 대신에 "가치 value"[6]

---

6   가치 value: value의 라틴어 어원에는 귀하고 소중함, 강력 등의 의미가 포함되어 있다.

라는 단어를 사용했는데, 이는 약간의 중요한 문제를 야기했습니다.

매트릭스를 사용하면서 가치에 관한 대화를 할 때 뭔가가 계속 일어나는 것을 관찰했습니다. 사람들이 어떻게 가치에 대해 이야기하는지를 보면서 사람들이 판단 받는 것을 느끼기 시작했습니다. 어떤 면에서 이해하기 쉽습니다. ACT 치료자들이 가치에 대해 이야기하는 방식은 어떤 때는 매우 판단적일 때가 있을 수 있습니다. 가치에 관한 대화는 어떤 가치가 올바른 것이고 어떤 가치가 더 중요한지에 대한 대화로 전환되었고, 많은 ACT 치료자들이 사람들에게 "당신은 가치를 점검하는 것이 필요합니다."라고 결론 내리게 되었습니다. 당신은 "가치"란 단어를 읽는 것만으로도 판단 받는 느낌이 들지는 않나요?

ACT 매트릭스를 작업할 때, 사람들은 원래 존중하며 부르던 접근 움직임행동/approach moves 및 안도감 움직임행동/relief moves이라 불리는 대신에 '전진 움직임향하는 행동/toward moves'과 '후퇴 움직임멀어지는 행동/away moves'에 고정되고 집착하기 시작했습니다. 많은 치료자들이 '전진 움직임행동/toward moves'을 좋은 것으로 '피하고 멀어지는 움직임행동/away moves'을 나쁜 것으로 해석하고 분류했습니다.[7] 특히 그들은 가치에

가치관과 다르며, 평가적 의미의 가치는 아니다. 개인마다 각자의 중요한 부분이 있으며, 그것은 기질과 결핍, 철학 등 개인적이고 주관적인 것을 포함한다. 가치는 강력한 동기이면서도 고통의 원인이고 취약함의 요인이다. 치료자는 가치를 판단하지 않고 명료화하는 것이 중요하며, 케빈 포크는 그 부분 때문에 가치 대신 다른 언어를 사용하려고 노력한 것으로 보인다(역자 주).

7 멀어지는 행동은 알아차림으로 판단 없이 '그냥 그런 모습이 있다.'라는 것을 의미하고, 비판단적으로 행동을 묘사하자는 취지로 케빈은 만들었다는 것을 의미한다. 그것이 알아차림을 더 증진하고 의도하는 바에도 맞다. 치료자들이 사용하다 보니 내담자에게 알아차림의 용도보다는 판단의 용도와 비판으로 쓰일 가능성을 염려하는 것으로 보인

서 '멀어지는 움직임행동'을 '가치로부터 회피하는 움직임행동/taking away moves'으로 해석했는데, 이것은 케빈이 매트릭스를 만들 때 생각하고 마음속으로 염두했던 것과는 전혀 다른 것입니다.

　오해에서 벗어나는 예시가 있습니다. 후퇴 움직임행동/away moves은 그저 사람들이 자신에게 나타나는 불쾌한 것yucky stuff에서 벗어나기 위한 행동doing일 뿐이며, 이런 해석은 매우 유용할 수 있습니다. 제가 몇 년 동안 사용해온 예시 중 하나는 [메타포] 「고속으로 달리는 버스speeding bus 도로에서 벗어나기」입니다. 당신이 버스만의 세상인 고속도로에 어쩔 수 없이 서 있다고 가정해 봅시다. 어떤 마음이 들까요? 당연히 두려운 감정이 나타날 것입니다. 그 두려움에서 벗어나 안심하기 위해 우리는 도로 멀리 안전한 곳으로 이동할 것이고 이는 이해되고 타당합니다. 우리는 그 상황에서 그것보다 더 효과적인 것을 생각할 수 없습니다. 그 이동은 맥락에 적절한 '후퇴 움직임(행동)'인 것입니다! 반면에, (가치) 전진 움직임(행동)은 효과적이지 않을 때도 있습니다. 원하는 곳으로 가기 위해 하는 모든 일이 성공적인 것은 아닙니다. 어떤 행동이 효과적이고, 그 행동이 어떤 범주에 속하든지 그 행동을 유지하는 것보다 더 나은 것은 없습니다. 그리고 어떤 행동이 효과가 없다는 것을 알아차리면, 당신은 하던 행동을 멈추는 것을 선택합니다.[8] 이 모든 것은 "좋은" 행동behaviors을 찾는 것보다 "효과적

다. 즉, 행동 자체에 대해 가치판단을 배제하고 효과성을 중심으로 보고 알아차림하면 된다고 본 것이다(역자 주).

8　전진 행동이 효과적이지 않은 예는 많이 있다. 예컨대, 가치가 도전이라고 했을 때, 안정적인 경제 상황, 안정적이고 좋은 처우의 직장을 다닌다고 해보자. 무모한 주식투자나 충동적 진로 결정은 경제공황 상황에서 효과적인 행동이 아닐 수 있다. 투자 실패가 반복되었다면 효과 없음을 알아차리고 다른 안정적 투자나 잠시 행동 보류, 이직 보류

인" 행동을 찾는 것이 무한히 더 중요하다고 말하는 것입니다. 사람들이 무엇을 해야 하는지should, 하지 말아야 하는지 집착적으로 생각하게 될 때, 경직된 생각은 사람들이 **안도감 행동**이든 **접근 행동**이든 비효과적인 행동을 계속하도록 이끌 수 있습니다.

양자역학으로 유명한 물리학자 아인슈타인은 '정신이상insanity을 정의하길, 똑같은 일을 반복하면서 다른 결과를 기대하는 것'이라고 말했습니다. 그러나 이것은 어떤 이들의 주장입니다. 실제로 여러 맥락에서 그가 이렇게 말한 것 같지 않습니다. 많은 유명한 명언들이 잘못되게 아인슈타인에게 귀속되어 있습니다. 그럼에도 불구하고, 이는 실효성을 고려하지 않고 행동하는 문제를 잘 보여줍니다. 원하는 목표를 달성하거나 향하고 싶은 방향(물리적 또는 비유적)이 있는데, 원하는 결과에 가까워지지 않는 행동을 계속하는 것은 이치에 맞지 않습니다. 원하는 결과를 원하는 만큼 기대할 수 있지만, 그것이 현실을 바꾸지는 못합니다. 원하는 곳에 가깝게 가려면 효과가 달라질 때까지 행동 변화를 계속 시도해야 합니다. ACT 매트릭스는 이 처리 과정을 용이하게 만듭니다. 매트릭스는 사람들이 자신의 행동과 그 맥락을 주의깊게 관찰할 수 있도록 함으로써, 행동이 효과적인지 아닌지 여부를 이해할 수 있으며, 그렇지 않다면 이제 다른 다양한 시도를 할 알아차림awareness[9]이 생깁니다. 그러나 가치를 향하거나 가치로부터 벗어나는 음직임에 경직되게 사로잡혀 있다면 이런 유연한

등으로 추세를 관망하는 것이 효과적인 경우도 많다(역자 주).

9 알아차림 awareness: 알아차림이라 번역하였다. 다양한 상담 이론에서 awareness는 자각이라고도 번역한다. ACT, DBT와 같은 마음챙김 기반 치료에서는 마음챙김의 일부로 awareness를 사용하며, 팔리어의 Sati와 관련되어 있다. 알아차림의 다른 용어로 이 책에서는 mindfulness나 noticing 등을 사용하고 있다(역자 주).

일이 일어날 수 없습니다.

가치 단어와 관련하여, 다가가는 움직임과 멀어지는 움직임에 대해 가치라는 단어를 사용하는 문제점을 한 번 알아보고 나서, 우리는 가치 용어에 관한 대화를 중단하고, 만족과 안도감(경감)의 단어 사용하는 방향으로 전략을 바꿨습니다. 만족충족/satisfaction 또는 접근 approach이라는 단어를 교차로 사용합니다. 기본적으로 우리는 방금 묘사한 대로 어떤 행동이 효과적이고 어떤 것이 그렇지 않은지 알아차림하고, 행동을 실효성에 따라 변경했습니다. 우리가 이렇게 한 목적은 ACT 매트릭스를 사용하는 사람들의 방식에 있어서 판단적인 특징을 줄이기 위한 것이었습니다. 외부 및 내부의 전체 맥락에서 주어진 행동을 검토하는 것은 기능적 맥락적 프레임 작업에서 수행되어야 할 것입니다. 맥락 없이 행동에만 초점을 맞춘 판단은 효과적이지 않습니다.

언어의 함정

행동을 주변 상황 등 맥락 안에서 검토함으로써 시간이 흐르면서 어떤 것이 효과적인지 배우게 됩니다. 이는 [메타포]로 치면, 「자전거를 타고 배우기」와 같이 언어적 지침이 아닌 실습practice을 통해 얻는 지식입니다. 방금 언급한 대로 가치value에 대한 이야기와 같이 처리과정에 언어의 요인을 추가하는 것은 실제로 효과성을 제약할 수 있습니다. 이는 원인과 결과에 대해 생각하게 만들고 판단에 대한 자동적인 감정을 일으키게 합니다.

그러나 문제를 일으키는 것은 특정한 단어뿐만이 아니라 언어 전반에 해당합니다. 언어는 종종 맥락 안에서 행동을 알아차림하는 것과 효과성에 대해 생각하는 것을 방해하며, 이 때문에 효과적이지 않은 행동을 계속하게 만들 수 있습니다. ACT 및 ACT 매트릭스가 기반으로 하는 관계구성틀 이론(Relational Frame Theory, 이하 RFT)[10]은 언어가 "가치"와 같은 단어가 어째서 그토록 달라붙고 그토록 강력한 영향력을 행사하는지를 이론적으로 설명하는 방식입니다. RFT에 따르면 언어는 행동을 지배하는 규칙 집합으로 작용합니다. 우리가 나이를 더 먹고 언어를 더 배울수록 규칙은 점점 더 많아집니다.

아주 어릴 때는 규칙이 그리 많지 않습니다. 대신에 순수한 호기심에 이끌려 움직입니다. 아주 많은 것을 모르기 때문에 그것이 무엇인지 알아내려고 다양한 행동을 시도합니다. 예컨대, 영유아가 모든 것을 입에 넣는 것을 고려합니다. 그들은 흥미로운 모르는 것을 우연히 발견하면, 첫 번째 반응은 손으로 줍고 입에 넣어 빠는 등 이 행동의 다양한 변형 중 하나를 시도하는 것입니다. 그 물건을 맛보고, "맛있다!"라고 느낀다면, 아기들은 본능 행동에 대해 정적 강화(긍정적 피

---

10 관계구성틀 이론: 관계틀 이론, 관계프레임 이론이라고도 번역한다. Relational Framing은 관계틀 형성이라고 한다. 관계구성틀 이론은 언어의 기원을 설명하면서 사회적 관습에 따라 사건을 관련 짓고 이름 붙이는 것을 배운다고 말한다(역자 주).

드백에 의한 학습이나 행동의 증가)를 얻었습니다. 그러나 부모나 몇몇 귀찮은 어른이 이것을 보게 되면, 그들은 "그러지 마!" 또는 "지지! 뱉어 내!"와 같은 말을 할지도 모릅니다. 만약 영유아가 신기하고 새로운 물건을 먹는 것을 계속하면, 누군가는 아마도 그것을 빼앗아 갈 것입니다. 그리고 부적 강화(부정적 피드백에 의한 학습과 억제 행동의 증가)에 의해, 바로 그렇게 영유아의 경험에 규칙이 추가되었습니다. 즉, "이상한 물건은 먹으면 안 된다."가 학습이 된 것입니다.

　나이가 들면서 우리는 "이상한 물건을 먹지 말라."라는 규칙뿐만 아니라 여러 규칙을 내면화합니다. 이러한 규칙들은 언어를 통해 우리에게 전달되고 그 후 우리의 마음에서 공간을 차지하게 되어 행동을 제한합니다. 이는 모든 규칙이 나쁜 것은 아니라는 것을 의미하지 않습니다. 입에 마구 무언가를 넣지 말라는 규칙처럼, 일부 규칙은 매우 유용하고 건강에 이로울 수 있습니다. 그러나 우리가 너무 많은 규칙을 내면화하면 문제가 발생합니다. 이로 인해 행동의 결과가 흐려져, 무엇이 효과가 있는지와 그렇지 않은지를 알아차리지 못하게 됩니다. 이것이 가치에 대해 이야기할 때와 정확하게 유사하게 일어나는 일입니다. 사람들은 자신이 좋은 가치를 가졌는지, 그리고 가치를 향해 나아가고 있는지 걱정하기 시작하며, 그 결과 자신의 행동의 실제 결과를 보지 않게 됩니다. 언어는 때로 실효성으로부터 주의를 분산시켜 멀어지게 합니다.

　언어를 더 까다롭게 만드는 것은 그것이 사라지지 않는다는 사실입니다. 마치 생각이 취소되지 못하는 것처럼 언어도 잊히지 않습니다. 우리가 배운 단어들은 기억이나 마음속에 형성되는 관계와 같이 계속해서 우리와 함께 남아 있습니다. 그리고 한 번 소리와 세계(또는 머릿속) 사이에 연결을 형성하면 그 연결은 계속 유지됩니다. 따라서 언어는 우리가 무엇이 실행 가능한지에 대한 알아차림을 방해할 뿐만 아니라, 그 관계가 형성되면 그것들을 잊을 수 없습니다. 최소한 완벽하게는 아니지만 거의 영구적으로는요.

기능적 맥락주의의 창시자인 스티븐 헤이즈를 기억하시나요? 그는 『마음에서 빠져나와 삶 속으로 들어가라(새로운 수용전념치료)』[11]라는 책을 썼습니다. 이 책은 언어의 규칙에 지배되는 대신 당신의 행동 결과에 알아차림 과정이 중요하다는 내용입니다. 이 책이 도움이 될 것 같다면 한 번 읽어보기를 권장합니다만, 이 책의 목적에 대해 잘 생각해 보면 제목이 이미 모든 것을 말해주고 있습니다. 사람들이 머릿속의 규칙에 자신을 맡기지 않고 주변 외부 세계에 주목할 때, 놀라운 일이 일어나기 시작합니다(마음챙김). 사람들은 세상을 통해 배우게 됩니다. 사실 머릿속에 빠져 있을 때, 당신은 배우지 못합니다. 당신은 언어의 달라붙음에 묶여 있으면, 머릿속의 그 언어와 무엇을 해야 하고, 해서는 안 되는지에 관한 모든 규칙(당위적 생각)에 시간을 많이 쓸수록 세상을 관찰하고 당신의 행동으로부터 어떤 결과가 나오는지 덜 관찰할 수 있습니다. 이는 자전거를 타는 방법을 자세한 지침을 읽어보며 배우는 것과 자전거를 실제로 타면서 배우는 것의 차이로 생각할 수 있습니다. 세상의 모든 언어, 즉 말들은 실제 경험에 대한 진짜 대체물이 아닙니다. 심지어 잘못된 방식으로 빠르게 달리거나 핸들을 놓는 등 재난적인 방식으로 부적절한 행동을 하는 경우라도, 왜 이것이 효과적이지 않았는지 알게 되고 난 다음에

---

11 이 책은 제목이 길어 잘 아는 독자들에게는 '마빠들', '마빠삶'이라고 불린다. 제목은 생각을 생각으로 보고 가치 관련 행동하며 삶에서 실존하라는 뜻으로 심리적 유연성의 본질을 말해준다. 수용전념치료 관련 명저이며 창시자 헤이즈가 저술했다. 한국에는 2010년 문현미, 민병배 선생님의 번역서가 출간되었다.

는 기꺼이 다른 행동 선택을 할 수 있습니다. 예컨대, 내리막길 위험하고 빠르게 갈 때 자전거의 핸들과 브레이크를 단단히 잡는 것과 같이 타는 행동이 변화합니다.

　자전거를 타고, 움직이고, 넘어지는 것만으로도 빠른 속도에서는 핸들을 놓지 말아야 한다는 것을 산지식으로 배우는 것입니다. 또는 이를 일반적인 진술로 재구성하면, 행동의 결과를 관찰하는 것이 우리가 배우는 방법입니다. 머릿속에 있을 때, 자신의 생각과 규칙, 언어에 갇혀 있으면 학습을 활용하지 않습니다. 물론 행동에 대한 언어의 분석은 자전거를 직접 타며 시행착오로 배우는 것보다 당장은 안전할 것입니다. 그러나 그것은 실제 생생한 학습을 방해할 것입니다. 언어로 하는 분석은 **[메타포]** 「**눈 내린 언덕을 따라 눈덩이를 굴리기**」와 같습니다. 먼저 자신의 언어와 규칙을 사용하여 생각하고, 분석에 더 많은 시간을 보낼수록 더 많은 언어와 규칙이 덧붙여집니다. 결국 당신의 마음은 너무 많은 단어와 규칙이 쌓여 커다란 눈덩이가 되어 언덕을 따라 수직으로 질주하게 될 것입니다. 멈추거나 방향을 바꾸기에는 너무 커져 버릴 것입니다. 당신은 생각에 갇혀, 머릿속에서 벗어나 세상으로 나가서 실제로 어떤 행동이 효과적이고 어떤 것이 도움이 되지 않는지를 배울 수 없게 될 것입니다.

　이것이 ACT 매트릭스처럼 왜 효과적인가를 알아차리기 과정이 비언어적 처리과정이거나, 적어도 비언어 우세형 처리과정이 되어야 하는 이유입니다. 인간은 그들이 사용하는 언어로부터 완전히 분리되고 벗어날 수 없지만, 우리는 기능적 맥락주의와 ACT를 통해 세상에서 경험을 쌓기 위해 의존하는 언어 부정적 영향을 제한할 수 있다는 것을 기억해 보시기 바랍니다.

PART 02

관계구성틀 이론

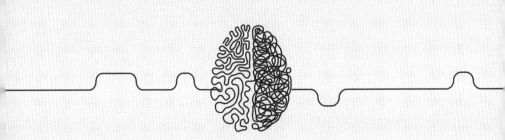

PART 02

관계구성틀 이론

 초급 RFT: 언어의 본질과 자극 기능의 변형

기능적-맥락주의적 관점의 일부로서, 관계구성틀 이론(Relational Frame Theory, 이하 RFT)이 있습니다. 우리는 지난 장에서 약간 다룬 바 있습니다. 그러나 그 내용은 빙산의 일각에 불과합니다. RFT와 그것이 매트릭스 내에서 미치는 영향에 대해 더 많은 이야기가 있습니다. RFT는 기능적 맥락주의에서 유래되었으며, 간단히 말해 언어와 생각 및 사물과의 관계에 관한 것입니다. RFT를 완전히 이해하는 것이 매트릭스를 사용하는 데 필수적이지는 않지만, 매트릭스가 어디서 기인하고 왜 작동하는지를 이해하려는 사람에게는 매우 중요하며, 각 요소가 밀접한 관련이 있습니다.

기본적으로 RFT는 우리의 언어가 우리의 마음에 영향을 미치며 때로는 효과적으로 작동하는 방식과 그렇지 않은 방식으로 영향을 미치는 것을 이야기합니다. 또한 우리 주변의 세계를 학습의 매개체, 수단으로 인지적 프레임(틀)[12]을 설정합니다. 관계구성 프레임은 언어 자체를 배우는 것도 포함되는데, 이것은 인지적 활동이 매우 끈적끈적하게 개념에 달라붙기 쉽고 우리를 규칙에 구속되도록 만들 수 있습니다. 그래서 우리는 머릿속과 언어의 외부 자극을 바라볼 때, 주변 세계와 우리의 행동의 영향을 주의 깊게 살펴봄으로써만 학습할 수 있는 것입니다.

　　간단히 정신주의mentalism[13] 관점으로 돌아가서 살펴보면, 언어학자 촘스키는 언어에 대한 행동주의 심리학자와 **다른** 생각을 가지고 있었습니다. 그는 언어가 뇌의 언어 센터에서 발생한다고 말했으며, 모든 사람이 태어날 때 가지고 있는 것이라고 주장했습니다. 따라서 배워야 하는 것이 아니라, 촘스키는 언어는 사람들이 (선천적으로) 갖고 있는 것이며 완전히 그들의 맥락과 단절되고 무관하다고 주장했습니다. 언어가 말 그대로 당신의 머릿속에 모두 있다는 것입니다. 물론 RFT 관련자인 우리와 같은 심리학자들은 이 생각에 동의하지 않고 다른 입장의 생각을 가지고 있습니다. 정신주의적인 관점에서

12　틀 frame: 심리학에서 심리적 틀은 비유적으로 심리적 구조를 말하는데 일종의 마음 가짐으로도 말할 수 있다. 학습과 경험을 통해 규칙을 찾아내고 일반적으로 적용하게 된다. frame을 트라우마처럼 보편화된 외래어로 보고 '프레임'과 '틀', '구성 틀', '구성 프레임'을 혼용해서 사용하였다. 생각과 관련해서 한 개인이 생각하는 방식에 있어서 일정한 형식과 패턴, 도식을 보인다고 할 때 그 형태를 의미하며 그 프레임으로 세상을 보고 경험에 의해 프레임은 부서지고 확장될 수 있다(역자 주).

13　정신주의 mentalism: 인간의 정신력을 생활의 결정적인 요인이라 생각하는 견해와 태도를 말한다. 정신주의, 심성주의, 유심론 등으로 번역될 수 있다(역자 주).

학습적인 관점으로 이동하기 위해 우리는 '자극 기능의 변형'라 불리는 것을 탐색할 것입니다.

자극 기능의 변형

당신이 아주 어릴 때를 상상해 봅니다. 아직 세상의 다양한 소리를 배우고 있는 상태입니다. 어느 날 탁자 위에서 타원형 모양의 노란색 과일을 발견하고, 아주 어릴 때 하는 것처럼 그것을 입에 넣습니다. 당신은 놀라게 되는데, 전혀 예상치 못한 신맛이 납니다(당신은 아마 이 단어를 아직 모르는 상태). 그리고 누군가에게 물어보면, 사람들은 이 노란 과일의 소리 음절이 '레몬'이라는 것이라고 말해줍니다. 처음에는 이 단어에 별로 신경 쓰지 않을 것입니다. 아마도 한 귀로 들어가서 다른 귀로 나갈 것입니다. 그러나 여러 번 반복되면서 '레몬'이라는 소리를 노란 과일과 그 맛과 연결 짓게 될 것입니다(관계 구성). 언젠가는 누군가가 '레몬'이라는 말을 하면, 레몬이 존재하지 않는 상태에서도 그 과일을 상상하고 그 강한 신맛을 느낄 수 있을 것입니다.

이것이 자극 기능의 변형transformation입니다. 이 경우에는 레몬의 신맛이라는 자극의 기능이 단어 자체의 일부로 변형되었습니다. 간단히 말하면, 이것은 오감의 경험을 언어를 통해 정신적인 경험으로 변화한 것입니다. 거의 모든 언어는 자극 기능의 변화로, 많은 단어가 오감의 경험을 소리로 옮긴 것입니다. 그리고 모든 언어는 당신의 머릿속뿐만 아니라 세상 밖으로 말하고 발음될 수 있습니다.

자극 기능의 변형은 인간 소통의 전환점을 표시했습니다. 이것은 우리가 서로에게 세상에 관해 이야기하고 이해할 수 있게 했습니다. 이를 통해 우리는 심지어 존재하지 않는 것에 대해서도 얘기할 수 있었습니다! 또한, 물리적 세계를 동일한 소리로 말하는 모든 이들이 이해할 수 있는 소리의 연속으로 변환했기 때문에, 그곳에 없는 것뿐만 아니라 존재하는 것들에 대해서도 설명할 수 있었습니다. 왜 어떻게 언어가 이렇게 발전했는지를 정확하게 알 수는 없겠지만, 그렇다고 해서 자극 기능의 변환이 덜 유용한 것은 아닙니다.

"레몬"이 신맛을 떠올리게 한다면, "가치value"와 같은 단어는 어떤 것을 떠올릴까요? 우리는 이 단어를 말하거나 듣거나 생각할 때 많은 다양한 경험들이 나타날 것이라 생각합니다. 사람들은 각기 다른 가치를 가지고 있습니다. 종교, 정치, 국가, 지역, 가족, 직업적 가치 등 다양한 가치들이 있습니다. 이들에 대해 이야기하는 것은 꽤 개인적으로 느껴집니다, 그렇지 않나요? 만약 누군가가 특히 당신의 가치에 관해 판단하고 대화하고 싶어 한다면 불편해질 것입니다. 우리의 가치는 중요한 부분이며, 많은 사람들은 타인에게 자신의 가치를 설명하는 것을 주저할 것입니다. 왜냐하면 타인으로부터 비판을 받는 것과 우리의 핵심 신념이 비난받는 것은 정말로 불쾌하기 때문입니다. 누군가가 당신의 가치와 관련하여 묻는다면, 당신은 아마도 "신경 쓰지 마시고 당신 일을 그냥 하세요!"와 같은 식으로 말하려 할 것입니다. 말하자면, 이것은 아주 끈적거리는 (생각, 감정 등) 무엇인가 달라붙은 말입니다.

"가치"라는 단어는 자극 기능의 많은 변화가 있는데, 이것이 바로 뭔가가 달라붙는다고 말할 때 우리가 의미하는 것입니다. 가치가 대화에 등장하면 많은 것들이 나타납니다. 꽤 많은 것 중에는 비난처럼 불쾌한 것(비난, 무시, 모욕 등)이 많이 있지만, 달라붙는다고 해서 반드시 불쾌하다는 것은 아닙니다. "사랑"이나 "아름다움"과 같은 단어도 물론 달라붙는데, 많은 사람에게 부정적인 의미뿐만 아니라 긍정적인 의미도 많이 떠올리게 할 것입니다. 이러한 단어들은 많은 정적인 강화와 연결되어 있습니다. 다른 말로 하면, 우리에게 아름답다고 말하거나 우리를 사랑한다고 말하는 것을 좋아하는 것을 배웠습니다.

또한 매우 달라붙지 않은, 자극 기능의 변화가 많지 않은 단어들도 있습니다. "있음(is)" 같은 단어가 좋은 예입니다. 이것은 매우 중요한 언어적 기능을 하지만 실제로는 자극 기능을 거의 가지고 있지 않습니다. "있음"이라는 단어를 어떤 것이 나타나게 하지 않고도, 불쾌하거나 그렇지 않게 이 단어를 말할 수 있습니다. "레몬"이나 "가치"와 같은 단어와는 달리 이 단어는 우리의 감각적이거나 정신적인 경험과 어떤 연결도 없습니다.

관계구성틀 이론에서의 "프레임"

자극 기능의 변형은 RFT의 일부로서, 우리가 세상의 것들과의 관계가 소리로 대응(매핑)된다는 것을 주장합니다. 이러한 관계를 틀, 즉 **프레임**frame이라고 합니다. 만약 자극 기능의 변형이 읽고 말하기가 너무 번거로워진다면(이제는 그럴 것이라고 확신합니다), 단순히 틀이라는 용어로 생각할 수 있습니다.

이를 마음에 두고 기억하면, 지난 몇 단락에서 가장 중요한 것은 레몬과 가치와 같은 소리에만 프레임을 **추가**할 수 있다는 것입니다. 일단 어떤 것이 그들에게 대응(매핑)되면 다음은 제거할 수 없습니다.

말로 표현된 단어에 부착된 프레임이 사라지지 않는 것은 자명한 것 같지만, 기계적인 관점은 그와 반대라는 것을 시사합니다. 기계적인 관점에서는 모든 것이 서로 교체 가능하고, 제거할 수 있는 것으로 간주합니다. 오래된 점화 플러그가 있다면 그것을 꺼내 새로운 것을 넣을 수 있습니다. 전체 자동차가 고장 나면 그냥 버리고 더 좋은 자동차를 구입하면 됩니다. 기계에 있어서는 같은 기능을 하는 것으로 교체할 수 있지만, 언어는 기계와 같지 않습니다. 한 번 단어의 자극 기능을 배우면 그것을 간단히 교체할 수 없습니다. 레몬은 계속해서 새콤한 맛을 떠올리게 하고, 가치는 당신에게 비난받는 기분을 계속 일으킬 것입니다. 뇌 손상이나 뇌 병변이 없는 한 단어와 연결된 연상은 영구적으로 머릿속에 남아 있습니다.

추가된 것이 계속 유지되기 때문에 우리가 언어로 추가하는 정보는 매우 중요합니다. 이것은 우리의 맥락에 영향을 미치고, 이는 우리의 행동에 영향을 미칩니다. 더욱이 새로운 프레임을 추가하는 것은 사실상 노력 없는 처리과정입니다. 단순히 당신이 방에 들어가서 침묵 속에서 서성이는 것만으로도 방 안의 모든 사람의 생각과 행동에 영향을 미칠 것이며, 이는 그들의 학습 역사의 일부가 될 것입니다.

우리는 매트릭스를 사용할 때, 이에 대해 매우 의식하고 있습니다. 왜냐하면 우리는 사람들의 학습의 긴 역사에 심리적 유연성이라는 내용을 추가하고 싶습니다. 사람들에게 새로운 행동을 시도할 자유와 그것이 효과적인지 아닌지 여부에 관해 주의 깊게 관찰할 자유를 주고 싶습니다. 그러나 가치의 개념과 가치에 가까이 가는 움직임과 멀어지는 움직임에 관해 이야기하는 것은 결국 반대의 효과를 가져왔다고 보고 있습니다. 이는 사람들의 행동을 명확하게 '좋다', '나쁘다'의 두 가지 이분법적인 범주로 확고하게 분리하는 데 영향을 주기 때문에, 유연하지 않은 프레임을 언어에 추가했다고 보고 있습니다.

분명히, 심리학자나 치료자가 아니더라도 사람들의 언어와 경험에 유연하거나 유연하지 않은 프레임을 추가할 수 있습니다. 우리는 모두 서로의 맥락에 속하는 구성의 일부이기 때문에 의도적이든 아니든 간에 모든 사람은 이러한 방식으로 서로에게 영향을 미칩니다. 또한 ACT 매트릭스를 사용하고 어떤 개인이나 집단과 작업할 때, 그들을 유연하게 만드는 것이 목표이지만 때로는 유연하지 않은 프레임이 필요할 때도 있습니다. 누군가에게 첫눈에 반했다고 말하고, 누군가에게 데이트를 신청하고 싶어 하는 경우가 있습니다. 그 사람에게는 다양한 옵션이 있으면 좋지 않을 것입니다. 대신, 그들의 맥락에 아주 경직된 방식으로 영향을 미치고 싶을 것입니다. 그들이 할 수 있는 다양한 행동을 더 많이 알고 있다면, 당신이 원하는 하나의 행동을 할 가능성이 줄어들 것입니다. 바로 당신과 데이트하러 나가거나 교제하는 것입니다.

그러나 우리 ACT를 활용하는 분들에게는 심리적 유연성 개발과 획득이 목표입니다. 우리는 사람들의 심리적 유연성을 증가시키고, 그들이 자신의 맥락에서 할 수 있는 모든 가능한 행동과 각 행동이 효과적인지 아닌지 자각하도록 만들고자 합니다. 이를 통해 사람들은 원하는 삶의 방향으로 가까이 다가가는 기회를 얻습니다. 그러나 사람들은 종종 길에서 막히게 됩니다. 이럴 때 언어가 주로 문제가 됩니다. 매트릭스와 함께 작업하면서 우리가 배운 바에 따르면, 언어는 예측할 수 없는 방식으로 사람들을 막을 수 있습니다. 그래서 우리는 언어를 조금 바꿔보려고 합니다. 맥락을 변경하고 유연한 프레임을 추가합니다. 결국에는 우리가 가까이 가기, 멀어지기, 가치 등과 같은 단어를 덜 사용하는 이유가 여기에 있습니다. 그들은 유연한 프레임을 수용하지 않는 단어가 될 수 있기 때문입니다.

심리적으로 유연한 프레임을 추가하여 매트릭스 활용하기

우리가 던져 놓은 모든 메타포와 전문용어를 고려하면 당신이 막히고 꼼짝하지 못하는 것은 스스로 자비로움으로 용서할 만한 일입니다. 그것들은 현학적으로 들리고 정교해 보이지만, 관계적 구성틀 이론에 깊게 몰두하지 않았다면, 설명이 충분하지 않았을 것입니다. 이것은 잘 이해가 됩니다. 여전히 ACT 매트릭스를 사용하여 어떻게 하면 사람들의 언어를 유연하게 만들고 새로운 관계와 행동을 유도할 수 있는지 궁금할 것입니다.

그 핵심은 사람들이 점점 더 알아차림하고 주의를 기울이게 하는 것입니다. 우리는 "알아차림noticing"이라는 용어를 사용하는 것을 좋아합니다. 왜냐하면 이것은 매우 유연한 프레임을 만들어냅니다. 예컨대, 누군가가 "나는 우울해"라고 말하면 당신은 "그러니까 당신은 우울함을 느끼고 있다는 감정을 주목하고 알아차리고 있다는 것이군요."라고 응답할 수 있습니다. 그렇게 하면 그 사람의 프레임을 넓히고, 그들을 자신의 감정을 관찰자로 위치시켜 맥락을 변경한 것입니다. 다시 말하면, 그들을 **관찰자로서의 자기**[14] 관점에 놓은 것입니다. 이제 그들은 자신의 생각, 감정 및 행동을 관찰할 수 있는 정신적인 위치에 있으며, 그 행동이 효과적인지 아닌지를 고려할 수 있습니다.

5개의 질문만 하면 사람들이 주의를 기울이게 됩니다. 누가 중요한지, 그들에게 어떤 불쾌한 감정이 나타나는지, 그 불쾌한 감정에

---

14 관찰자로서의 자기 observer self: 세 가지의 자기 중 하나이다. 맥락으로서의 자기라고도 한다. 헤이즈의 심리적 유연성의 6개 요인 중 하나이며, 사적 경험의 수용을 방해하는 '개념적 자기' 대신에 '지금-여기' 경험을 '관찰하는 자기'를 말한다. 마음챙김 범주의 일부로 '나를 주목하기', '나 관찰하기', '관찰하는 나', '체스 말이 아닌 체스판' 등으로 다양하고 쉬운 말과 비유로 설명해 줄 필요가 있다(역자 주).

서 안도감을 얻기 위해 무엇을 하는지, 만족을 얻기 위해 무엇을 하는지, 그리고 이 모든 것을 다음 주 또는 그 주별로 알아차릴 기회가 있는지 묻습니다. 이 다섯 가지 질문은 기능적 맥락 이론이 사람들에게 하는 것의 핵심에 접근합니다. 즉, 그들의 행동의 기능과 그 행동을 하는 맥락을 주의 깊게 관찰하라는 것이죠. 혹은 당신이 이제 아는 대로 '효과성'을 주목해서 알아차려 보라는 것입니다.

사람들에게 효과성에 알아차림하도록 하는 데는 특별한 노력이 필요하지 않습니다. 5개 질문을 일단 한 번씩 물어보면 됩니다. 다시 말하면, 매트릭스 주변을 한 바퀴 돌았을 때 이미 사람들은 이미 자기 행동을 알아차리기 시작했을 것입니다. 이렇게 함으로써 그들은 자신이 원하는 목표에 도달하는 데 어떤 행동이 효과적인지를 감지할 수 있게 될 것입니다. 당신이 곰곰이 생각해 보면 완벽하게 이해가 됩니다. 매트릭스는 누가 중요한지, 어떤 불쾌한 것이 나타나는지, 그리고 불쾌한 것에서 탈출하려고 행동하는지, 중요한 사람에게 접근하여 만족을 얻기 위해 어떤 행동을 하는지를 알아차릴 수 있게 도와줍니다. 이것이 당신이 원하는 해방 또는 만족을 얻고 있는지를 판단하기에 필요한 모든 정보입니다.

그러나 매트릭스에서 판단은 이 과정을 완전히 중단시켜 버립니다. 그래서 당신이 매트릭스를 사람들과 함께 사용할 때 그들이 무슨 말을 하든지 중요하지 않으면 우린 평가하지 않아야 합니다. 완전하게 판단 없이 존재하는 것이 우리에게 필요합니다. 예컨대, 통증을 경감시키기 위해 마약 헤로인을 사용하는 중독자와 ACT 매트릭스 작업 중이라고 가정해 봅시다. 그 사람이 통증에서 안도감을 얻기 위해 헤로인을 사용한다고 말하고 있는 상황입니다. "당신은 그것을 해서는 안 됩니다!"와 같은 말을 하고 싶은 충동은 대부분 사람에게 아마도 자연스럽고 매우 강할 것입니다. 그것은 결국 마지막에는 내담 자에게 하고 싶은 말입니다. 그런데, 당신이 해야 할 일은 충동을 알 아차리고 인정하는 것뿐입니다. 사람들이 알아차림하는 한, 그들이 무엇에 알아차림하는지(내용)는 중요하지 않습니다. 물론 당신은 개 인적으로 그 헤로인 중독자와 함께 일한다고 생각할 수 있지만, 그것 을 공개적으로 말하지 않는 이상 상대방은 판단 받고 있구나라고 느 끼지 않을 것입니다. 당신은 판단적인 생각에 갇히지 않도록 심리적 유연성을 유지해야 합니다.

누군가가 무엇을 하든, 그들은 그저 인간으로서 인간다운 행동 을 하는 것뿐이며, 매트릭스와 기능적 맥락주의의 목적은 그러한 것 들을 주의 깊게 관찰하고 알아차림하는 것입니다. 매트릭스는 사람 들이 자기 행동을 주의 깊게 알아차리도록 허용하고, 자신의 다른 가 능한 행동도 볼 수 있도록 유연한 프레임을 추가하는 데 도움이 되기 때문에 매우 강력한 도구입니다. 우리는 유연성을 주면 사람들이 종 종 매우 멋진 방식으로 반응하는 것을 발견했습니다! 그래서 통증의 경감을 위해 헤로인을 사용하는 사람이 그들이 할 수 있는 다른 행동 을 알아차리도록 하는 것일지 모르지만, 그것을 그들에게 강요하려 는 것은 아닙니다. 당신은 존중하는 마음과 함께 상대방을 있는 그대 로 인정하고 발견한 원래 모습대로 둘 수 있게 하려는 것입니다. 당 신은 그들의 마음을 정신분석적이고 정신적인 방식으로 어지럽히려 고 하는 것이 아니라 그들이 이미 생각하고, 느끼고, 하는 것을 알아 차리도록 돕고 싶은 것입니다. 다시 말해, 그들의 정신적 경험이 변 하지는 않지만, 매트릭스를 통해 그들의 프레임은 더 유연해집니다.

심리적 유연성을 추가하고 언어와 사고가 끈적하게 경험에 달라 붙음을 줄이는 것이 바로 매트릭스가 하는 일입니다. 무엇보다 누구와 함께 작업하던지 유연한 프레임을 추가하는 방법은 똑같습니다. 네 개의 사분면에서 질문을 하고 그들이 앞으로 그것을 알아차릴 수 있는지 묻기만 하면 됩니다. 안도감, 만족, 알아차림 등 우리가 사용하는 언어도 도움이 됩니다. 우리는 다른 사람들에게도 우리의 언어를 사용하도록 권장합니다. 왜냐하면 이것은 다른 사람들의 언어에 유연한 프레임을 추가한 것이기 때문입니다. 이렇게 하면 그들이 효과적으로 자신의 행동의 기능과 맥락에 알아차리게 도울 수 있습니다.

당신은 이 책을 통해 우리가 당신의 맥락의 일부가 되었기 때문에 지금 당신은 우리의 언어를 배우고 있습니다. 기능적 맥락주의 지향 과학자로서, 우리는 다른 사람들의 맥락과 어떻게 관련되고 상호작용하는가에 대해 매우 관심이 많고 주의를 기울입니다. 그래서 우리는 비판단적인 중립적인 언어를 사용하고 우리가 이야기한 비판단적인 태도를 채택하는 것이고, 이를 통해 당신의 맥락에 유연성을 추가하고 싶어합니다. 우리는 당신의 맥락에 유연성을 추가하려고 노력하지만 그 외에는 아무것도 하지 않습니다. 매트릭스를 사용하거나 기능적 맥락주의를 어떤 방식으로든 연습할 때도 똑같이 접근해야 합니다. 그렇지 않으면 사람들은 자신의 행동의 기능과 맥락에 주의하지 않게 되어 효과가 없고 전체 목적이 무너지게 될 수 있습니다.

물론, 우리가 가르치는 것을 실천하려고 노력하고 있습니다. 그래서 우리는 당신에게 우리의 방법이 정답이라고 말하지는 않을 것입니다. 이것은 단지 하나의 방법입니다. 기능적 맥락주의도 단지 철학 중 하나일 뿐이라는 유연함이 중요합니다. 당신이 그 철학에 동의하지 않을 수도 있습니다. 그런 마음도 허용합니다. 당신은 언어학자 촘스키와 심리학자 스키너 중 어느 한쪽에 동의할 수도 있습니다. 그러나 우리가 작업하는 방식과 기능적 맥락주의에 대해 말씀드릴 수 있는 것은 모두 실효성(효과성)이 있다는 것입니다. 이 두 관점은 사람들이 가고자 하는 곳(목표, 중요한 것, 가치, 중요한 사람 등)에 도달하는 데 도움을 주고 효과적입니다.

MEMO

관계구성틀 이론(이하 RFT)의 중요한 구성 요소 중 하나는 언어이며, 이것들이 함께 작용하여 ACT 매트릭스 처리과정에 영향을 미칩니다. 기능적 맥락주의 관점에서 **언어는 행동입니다.** 이 아이디어를 더 발전시켜 언어는 모든 행동과 같이 만족감이나 안도감을 얻기 위해 수행될 수 있다고 합니다. 이것은 긍정적으로 강화되는 접근 행동 또는 부정적으로 강화되는 안도감 행동일 수 있습니다. 다만 여기서 정적 강화positive reinforcement는 "좋은" 것을 의미하지 않고, 부적 강화negative reinforcement는 "나쁜" 것을 의미하지 않습니다. 이 모든 것은 당신이 원하는 것을 향해 접근하려 하는지, 아니면 원치 않는 것으로부터 회피하려고 하는지에 따라 달라집니다.

강화reinforcement의 개념을 염두에 두는 것이 중요합니다. 왜냐하면 특정한 행동 패턴에 빠지는 이유를 설명하는 데 큰 도움이 되기 때문입니다. 행동이 정적이건 부적 강화이건 간에, 미래에 행동을 반복하도록 당신을 준비시키고priming 있는 것은 모두 마찬가지입니다. 어떻게 그럴 수 있었을까요? 왜냐하면 강화가 효과적으로 작동했기 때문입니다. 행동이 당신이 만족 또는 안도감을 얻는 데 도움이 되었거나, 그래서 당신이 만족감 또는 안도감을 원할 때 그 행동을 다시할 것이기 때문입니다. 이 과정은 언어나 심지어 의식적인 사고를 필요로 하지 않습니다. 사람들은 일반적으로 무언가를 하고 나서 "와, 이 행동이 정말 효과적이었네! 다음에도 똑같이 해야지!"라고 자기에게 말하지 않습니다. 그들은 단지 만족이나 안도감을 얻기 위해 효과적인 것을 합니다. 이것이 우리가 언어를 포함해서 행동을 배우는 방식이며, 이를 탐구할 것입니다.

어느 정도 나이가 들면 우리는 모두 언어를 통한 학습에 익숙해 집니다. 장난감 레고 세트나 아이키아(이케아) 소파를 조립하려면 설명서를 사용합니다. 모르는 단어를 만나면 온라인에서 (요즘에는 매우 드물지만 사전에서) 찾아보고 그 단어에 대한 정의가 더 많은 단어로 전달됩니다. 학교에 있을 때는 보통 책 크기의 두꺼운 교과서를 읽다가 잠들게 됩니다. 심지어 자전거를 타는 법을 배울 때도 대개 누군가가 당신에게 무엇을 해야 하는지에 대해 말로 설명하는 경우가 많습니다.

그러나 당신의 삶의 초기 단계에서는 언어 없이 모든 학습을 하고 있었거나 적어도 언어를 완전히 이해하지 못하고 사용했던 시기가 있었습니다. "레몬"이라는 단어를 배우는 예시를 기억하나요? 이 과정에는 사전에서 단어를 찾는 것이나, 당신에게 올바른 단어를 제공해 주는 뇌의 형이상학적metaphysical 부분이 포함되지 않았습니다. 그 학습 과정은 단순히 "레몬"이라는 소리와 그 소리가 지시하는 물리적 대상에 계속 노출되는 과정이었습니다. 좀 더 구체적인 예로 언급하면, 걷는 법을 배우려면 어떤 언어도 필요하지 않았습니다. 단순히 그에 대해 궁금해 하고 결국 많은 연습과 신체의 성장 덕분에 걸어 나갈 수 있었습니다. 당신이 언어가 없는 이 초기 생애 단계를 지나면서도 여전히 단어를 사용하지 않고도 학습을 많이 할 수 있었습니다. 자전거를 타는 것(절차 학습)이 한 예이며 수영, 골프, 태권도, 합기도와 같은 신체적인 활동도 포함됩니다. 나이가 들수록 학습 과정에 언어를 더 많이 가져오지만 그렇다고 항상 언어가 필요한 것은 아닙니다.

당신의 첫 말, 걷는 능력, 그리고 기타 다양한 기술과 지식은 언어가 아닌 정적 강화 및 부적 강화의 과정을 통해 학습됩니다. 당신이 걸을 때 가족들이 당신을 응원하고 (당신에게 만족감을 줌) 당신이 넘어질 때 (꼿꼿이 서려고 노력함으로써 안도감 추구하는 것) 가족들은 같이 아파합니다. 사전과 연결해 올바른 소리로 사물과 사람을 식별하는 것에 대한 보상을 받습니다. '엄마'와 '아빠'라는 단어를 어린 자녀가 처음 사용할 때 부모가 함박 웃으며 기뻐하는 모습을 상상해 보세요. 이러한 강화를 통해 어떤 것이 효과적이고 어떤 것이 효과적이지 않은지 발견하고, 효과적이지 않은 행동은 사라지고 효과적인 행동으로 대체합니다.

언어로 나쁜 습관 배우기

우리가 재경험하는 슬픈 사실은 인간이 항상 효과적인 행동을 하지는 않는다는 것입니다. 때로는 효과 없는 행동을 계속하기도 하고 나쁜 습관을 만들기도 합니다. 그 나쁜 습관의 근원은 놀랍게도 언어입니다. 언어는 우리가 **나아가길 원하는 곳**(가치 방향)으로 가지 못하게 하는 행동을 계속하도록 만들 수 있으며, 이러한 행동을 배워지게 하는 데는 말word 그 이상이 필요합니다. 스포츠에 참여하면서 나쁜 습관을 배우는 것은 좋은 예입니다. 스포츠를 즐겨하는 사람은 나쁜 습관을 버리기 얼마나 어려운지 알고 있습니다. 매트릭스 연구진 심리학자 필Phil의 아들은 골키퍼로서 어렵게 이 사실을 깨달았습니다. 한동안 아이는 주먹이 아닌 손바닥과 펴진 손가락으로 축구공을 막는 모습이 있었습니다. 이는 부상 위험이 있는 펀칭 습관이었습니다. 그의 코치는 주먹을 사용하라고 조언했지만, 그는 손가락을 벌리면 공에 더 빨리 다가갈 수 있다고 생각했습니다. 그러나 어떤 축구 경기에서 아이가 손바닥으로 슛을 차단하다가 공에 그의 손이 뒤로 꺾이게 되어 손목이 골절되는 사고를 겪었습니다. 그 순간 고통스러운 경험은 언어보다 강력합니다. 충고 형식의 말, 언어가 가르쳐 줄 수 없는 경험이 그를 효과적으로 가르쳤습니다.

나쁜 습관은 행동을 지속 반복함으로써 강화되지만 이러한 습관이 발달하는 이유는 우리의 마음mind이 반복했던 행동을 우리에게 하라고 말하기 때문입니다. 마음이 어떤 방식으로 시키는 것일까요? 물론 언어를 통해서입니다! 우리가 언어를 습득하는 동안 언어와 관련된 규칙을 습득하고 있습니다. 언어는 우리가 어떻게 행동해야 하는지, 어떻게 행동하지 말아야 하는지를 배우는 방법이며, 계속 사용함에 따라 더 능숙해지면 우리 자신만의 규칙을 만들어 사용할 수 있습니다. 이러한 규칙은 우리가 효과적이지 않은 행동을 계속하게 만들고 이러한 효과적이지 않은 행동에서 스스로 배울 수 있는 가장 효과적인 방법은 생각을 변화시키는 것이 아니라 우리가 하는 행동을 변경하는 것입니다. 이를 매트릭스 도표의 관점에서 생각해 보면 행동을 변경하는 것은 매트릭스 상단의 절반 영역에서 오감과 함께 시작됩니다.

지금쯤이면 당신 중 일부에서 혼란이 나타나고 있을 것입니다. 언어가 우리가 배우는 방법이라면, 배운 것을 잊어버리는unlearn 데도 사용할 수 있을 것 같지 않을까요? 이론적으로는 좋아 보이지만 실제로는 효과가 없습니다. 언어는 문제의 근본이 될 수 있지만 해결책은 아닙니다. 그 이유에 대해 더 잘 이해하기 위해 이전에 프레임을 소개했을 때를 기억해 보세요. 프레임에 대한 가장 중요한 것 중 하나는 프레임이 소리에만 추가될 수 있다는 것입니다. 소리를 제거할 수 없습니다. 따라서 한번 언어가 우리에게 어떤 행동을 하게 만들면, 그 행동을 언어에서 제거할 수 없습니다. 예컨대, 우리는 '먹다'라는 단어를 그냥 받아들여서 먹는 행동과 '만돌린(현악기) 연주하기'와 관련된 행동으로 연결을 새로 바꿀 수는 없었습니다. 만약 우리의 마음이 그 정도의 타고난 내재적인 힘을 가졌다면, 우리는 오래전에 정신주의로 전환했을 것입니다!

상호적 함의

대부분의 단어는 특정한 오감 경험과 정신적 경험에 연결되어 있으며, 우리는 이러한 연결을 얻을 때마다 상호적 함의mutual entailment[15]라고 할 수 있습니다. 이들은 함께 떨어지지 않을 수 있도록 만드는 것입니다. 이것은 어린 시절에 가장 자주 발생하는 처리과정이지만 새로운 단어를 배울 때마다 겪게 됩니다. 당신은 그 단어(농구공)가 세상에서 무엇을 의미하는지 배우고, 그것에 대한 프레임을 세상과 정신적 경험 모두에서 그것을 위한 프레임을 만듭니다. 경험한 다음 그것을 어휘 일부분으로 사용하기 시작합니다. 그러나 최종적으로 RFT에서는 어떻게 언어를 습득하는지보다 언어를 오감과 정신적 경험에 어떻게 연결하는지가 더 중요합니다.

아직도 이 상호적 함의의 처리과정이 정확히 무엇인지 모르겠다면, 예를 들어 설명하겠습니다. "엄마"란 단어를 사용해 보겠습니다. 이 단어에는 기억이 많이 부착되어 있어 끈적거리는 말이죠, 맞나요? 이것은 아마도 한국어 중에서도 가장 끈적거리는 말일 것이고, 다른 언어의 대응어들도 의심할 여지 없이 똑같이 끈적거리게 됩니다. 그

---

15 상호적 함의 mutual entailment: 관계 구성하기의 첫 번째 속성이다. 연필과 만년필은 어떤 의미를 공통으로 내포하고 있으며 상호 연결되어 있다. 양방향으로 통한다. 관계 구성하기는 상호적 함의, 조합적 함의, 자극 기능의 전환의 세 가지 속성을 보인다(역자 주).

래서 함께 놀기 정말 재미있는 이유입니다!

"엄마"에 대해 생각할 때 많은 감정이 나타날 것이며, 많은 사람이 이 단어와 관련된 다양한 감정적 프레임을 가지고 있을 것입니다. 우리의 목적을 위해 여기에서는 사람들 대부분이 인생의 첫 단계에서 "엄마"와 관계 맺는 프레임을 학습하는 것을 생각해 봅시다. 시간이 지남에 따라 이 이상한 "엄마" 소리에 대해 별로 생각하지 않아도 더 중요한 것을 제공하는 누군가와 연관시키게 됩니다. "음식"이라는 프레임과 "안전"이라는 프레임을 가지고 있는 것으로 예상됩니다.

물론 아기인 당신에게는 아주 중요합니다. 당신은 음식, 안전 또는 둘 다를 원할 때 누구에게 울 것인지 알아야 하기 때문입니다. 이러한 것 외에도 "엄마"라는 단어를 엄마의 외모와 다섯 가지 감각 기관을 통해 지각하는 다른 모든 방법과 연관시키게 됩니다. 그러나 엄마가 어떻게 보이는지가 가장 중요합니다. 아마도 "엄마"와 다른 물리적인 것들도 연관시킬 것입니다. 예컨대, 자라는 동안 살았던 정원이 있는 집이나, 어린 시절에 엄마가 당신을 태웠던 유모차, 자동차 같은 것들입니다. 다른 사람이 당신의 어린 시절 집을 보고 그저 많은 가옥 중 하나라고 보는 것과 달리, 당신은 그것을 보고 어쩌면 엄마를 생각할 것입니다. 그리고 엄마를 생각할 때 아마도 당신이 자라온 정원이 있는 집도 생각할 것입니다. 이런 식으로 그것과 당신의 엄마는 상호적 함의로 연결되어 있습니다.

음식, 안전, 외모, 어린 시절의 집, 엄마의 옛날 자동차 등 이 모든 것이 자동으로 당신의 엄마나 "엄마"라는 말과 관련이 있다는 것은 아닙니다. 당신은 시간이 지남에 따라 마음과 언어 능력이 발달함에 따라 이러한 것들을 연결하고 함의로 만듭니다. "함의"가 의미하는 바와 같이 그들의 연결은 영구적으로 포함되어 있습니다. 당신이 엄마를 보거나 생각할 때마다 언제나 어린 시절 집이나 예전에 엄마가 운전했던 자동차와 같은 모델을 보면 당신은 아마도 그녀를 생각할 것이고 그것은 기억으로 자리 잡으면 뇌 손상을 경험하지 않는 한 변하지 않을 것입니다.

이 상호적 함의의 처리과정에서 또 다른 교훈은 관련짓기가 행동이며, 당신에게 그냥 일어나는 일이 아니라는 것입니다. 실제로 관련짓기(관계 구성하기)라는 것은 그냥 프레임을 추가하는 것입니다. 물리적인 것 또는 사람을 "엄마"라는 소리에 관련시킬 때 그것이 당신이 하는 것이 프레임 작업하기입니다. 이것은 결국 "**관계 구성**relational frame"이라는 용어가 무엇을 의미하는지를 말해줍니다. 그리고 관계구성틀 이론은 단지 상호함의의 처리과정이 어떻게 발생하는지를 설명하는 방법입니다.

우리는 계속해서 사용하는 언어 위에 새로운 프레임을 지속적으로 추가하고, 우리가 이전에 언급한 것처럼 추가한 프레임은 제거할 수 없습니다. 이 지식을 간단한 사실과 결합하면 우리가 이전에 물었던 질문에 대한 답이 나옵니다. 즉, 왜 언어를 변경하여 행동을 변경할 수 없는 걸까요? 이에 대한 답은 프레임을 변경할 수 없다는 것입니다. 한 번 무언가와 연관 지으면 그 연관은 계속 유지됩니다. 습관을 단순히 마음에서 빼내려는 생각으로 노력해 봐야 그것을 부술 수는 없습니다. 왜냐하면 당신의 생각들(그리고 그것들을 생각하는 데 사용하는 언어)은 처음에 생겨나고 거기 존재한 이유가 있습니다. 그러나 새로운 프레임을 추가함으로써 다른 중요한 일을 하도록 노력할 수 있습니다. 그리고 나중에 배우고 알게 되겠지만, 언어는 실제로 이 부분에서 유용합니다. 예전 프레임은 여전히 존재하지만 새로운 프레임과 공간을 공유하게 됩니다. 본질적으로 새로운 프레임은 마음의 공간을 차지하고 새로운 가능한 행동을 열어줌으로써 기존 프레임의 영향력과 효과를 약화시킵니다.

앞 단락 예에서 심리학자 필의 아들 사례에서 그는 골키퍼에 대한 다른 프레임, 즉 "주먹으로 막기"라는 프레임을 추가해야 했습니다. 이 프레임은 기존의 "손바닥으로 막기"라는 프레임을 대체하지는 않았지만 시간이 지남에 따라 새로운 것과 연관시키게 되었습니다. 골대에 서 있고 주먹으로 막는 것이 이제 연결되었기 때문에 다른 행동을 시도할 수 있게 되었습니다. 다행히도 이 행동은 공을 펀칭할 때 손목 골절 가능성이 적은 효과적이고 유익한 행동이었습니다.

단어, 행동 또는 생각에 프레임을 추가하든 관계구성틀 이론의 모양은 다음과 같습니다. 행동을 변경하려면, 생각을 변경하거나 심지어 제거하려고 하는 불가능한 작업 대신에 새로운 프레임을 추가하면 됩니다. 그리고 새로운 프레임을 갖고 다른 행동을 실제로 해야만 새로운 프레임을 강화할 수 있습니다. 다시 말해, 다양한 행동은 다양한 사고방식을 강화하지만 다양한 행동하기의 습관과 알아차림을 점점 개발시키기 위해서는 새로운 프레임이 필요합니다. 그러나 이러한 프레임은 레퍼토리가 다양한 행동을 허용하기 위해 심리적 유연성이 필요합니다. 이성과의 데이트를 위해 노력하는 사람들은 이미 잘 알고 있는 것처럼 때로는 유연하지 않은 프레임을 유지하는 것이 유용할 수 있습니다(예: 트위터에 성차별적 욕설을 많이 하는 남자는 데이트 폭력의 가해자가 될 가능성이 있음). 그러나 나쁜 습관을 피하고 새롭고 **효과적인 것**을 하려면 새로운 행동을 도출할 수 있는 심리적 유연성이 필요합니다.

6 심리적 유연성 파생하기

지금까지 우리는 다양한 관계를 구성하는 몇 가지 다양한 방법을 다뤘습니다. 우리는 "엄마"와 같은 단어들과 안전이라는 정신적 경험들과 연관시키는 것부터, 단어를 물리적 대상 및 사람들과 연관시키고, 사람들을 단어에 연결하며, 행동을 다른 외부 자극과 연관시키는 과정 등을 탐색했습니다. 관계 구성의 범위에 약간 압도당하고 있다면, 사람들은 다양한 것들을 관련시킬 수 있는 능력이 있다는 것을 기억하는 것이 도움이 될 수 있습니다. 우리가 추가할 수 있는 프레임의 수나 프레임을 추가할 수 있는 대상 수에는 사실 제한이 없습니다. 편집증적인 음모론conspiracy theories을 보면 이 현상을 명확하게 확인할 수 있습니다. 음모론은 완전히 무관한 것들을 연관시키는 데 관여합니다. 예컨대, 피자게이트 음모[16]에서처럼 피자리아와 사탄의 의식을 연결하는 것입니다. 음모론자들을 어리석거나 나쁜 사람들로 가정하기 쉽지만, 근본적으로 그들 역시 우리처럼 그냥 일반적인 사람들일 뿐입니다. 그리고 음모론에 빠진 사람은 다른 사람들처럼, 그들은 다양한 관계를 구성합니다. 다만, 그들이 하는 관계 구성은 현실에 기반하지 않아 결과적으로 현실과 다르게 믿게 되는 경향이 있습니다. 그들이 만든 프레임을 제거할 수 없기에 결과적으로 생겨난

---

16 피자게이트 음모 Pizzagate conspiracy: 지도층이 어린이를 납치해 다양한 범죄를 저지른다는 음모론을 말한다. 워싱턴 D.C에 소재한 피자집이 소아성애자들의 비밀결사 단체의 집결지이며 이들이 아이들을 지하로 납치해 사탄숭배 의식을 벌이고 있다는 섬뜩한 소문이다. 구글에서 음모론(conspiracy theories)을 치면 무려 1억 2,000여만 건이 검색된다고 알려져 있다.

신념, 관계 사고를 버리는 것은 매우 어렵습니다. 게다가, 당신이 음모론자이건 아니건, 우리의 믿음은 우리가 스스로인 것처럼 느껴져서 자주 의문을 가지기를 원치 않습니다.

음모론자들을 그들의 믿음에 갇혀있게 만드는 또 다른 것은 그들의 프레임의 심리적 경직성입니다. 그들은 정말로 미묘한 시나리오를 만들어내는 것을 좋아하며, 이런 상상의 과정에 투자할수록 그들의 주의와 사고의 초점은 더 좁아집니다. 그들은 갇힌 터널 사야 tunnel vision을 얻게 되며 새로운 아이디어와 행동을 도출하는 능력이 점차 낮아집니다.

이번 장에서는 그러한 도출을 가능하게 하는 방법을 탐험해 보겠습니다. "파생derive"이라는 단어를 이미 몇 번 사용해 왔지만, 이제 그 단어가 어디서 유래되었는지 알게 될 것입니다.

파생된 관계 반응과 추이적 속성

학교 수학 수업에서 추이적 속성에 대해 배웠던 기억이 날까요? 그렇지 않아도 괜찮습니다. 다시 간단하게 설명해 드리겠습니다. 만약 A=B이고 B=C이면, 그러면 A=C라는 결론이 나옵니다. 물론, 당신의 수학 선생님께서 이를 가르쳐 주셨을 겁니다. 하지만 이후에 연습이 필요했습니다. 추이적 속성을 사용하는 방정식을 해야 했죠. 주어진 A=B와 B=C가 있을 때, A=C를 **유도**해야 했습니다. 이를 파생된 관계라고 합니다. 이는 강화되지 않은 채로 유도할 수 있는 관계입니다. 연습한 방정식에서 A=C가 명시적으로 언급되지 않았더라도 이미 아는 지식을 기반으로 그 관계를 추론할 수 있었습니다.

물론, A, B 및 C는 단순한 자리 표시 용어에 불과합니다. 이들을 방정식, 믿음belief, 감정 또는 행동으로 대체할 수 있습니다. 그들이 무엇을 나타내든지 간에 A와 C를 관련시키는 것은 파생된 관계 반응(Derived Relational Responding, 이하 DRR)이라는 프로세스입니다. 이 이름은 환경 자극 및 정신 자극에 반응으로 관계를 도출한다는 사실에서 나옵니다. A=B 및 B=C를 이미 알고 있지 않았다면 A=C를 추론할 수 없었을 것입니다. 그러나 반응 자체는 관계입니다. A를 C에 연결할 때 파생된 부분은 당신이 그것을 만들어냈다는 것을 나타냅니다. A를 C와 연결하고 다른 사람이 A와 C가 연결되어 있다고 알려주지 않아도 직접 만들어 낸 것입니다. 당신은 이미 알고 있는 기반으로 판단하고 만들어내는 것입니다.

미리 말씀드리지만 보내드릴 내용이 좀 어려울 것 같아 사전에 사과드립니다. 그러나 이 파생된 관계 반응은 응용할 수 있는 파생된 관계 반응으로도 불릴 수 있습니다. 그 이유는 A와 C 사이에 도출되는 관계가 공통 특성에 기반하지 않기 때문입니다. 물리적으로는 어떠한 공통 특성으로도 그들을 연결하는 것은 없습니다. 단지 A, B, 및 C를 물리적 대상으로 나타내기로 선택하지 않는 한, 그들이 관련되어 있다고 식별하는 것은 없습니다. 그런 경우에는 그들의 관계가 임의적이지 않고 오히려 관찰이 가능한 공통 특성에 기반한 것이 될 것입니다. 그러나 이 경우에는 그들의 관계가 순전히 정신적인 구성물입니다. A, B 및 C는 단순히 어떤 점을 설명하기 위해 만들어진 개념일 뿐이기 때문에 이는 임의적이고 자의적입니다.

이제 더 좋은 임의로 응용할 수 있는 파생된 관계 반응의 예시로 언어 전체를 들어보겠습니다. 단어와 그들이 나타내기 위해 의도된 물리적인 것들 간에는 실제로 관계가 없습니다(레몬과 동그란 형태의 노란 과육과 무관함). 우리는 이것들이 관계가 있어야 한다고 함께 결정한 사실 이외에는 없습니다. 특히 다양한 언어가 모두 동일한 것에 대해 다른 단어를 가지고 있을 때 이것이 뚜렷하게 나타납니다. 그것들은 모두 세상의 것들을 나타내기 위해 다른 사람들이 만들어 낸 소리에 불과합니다.

이제 우리는 당신을 정말 혼란스럽게 만들 겁니다. 그리고 임의로 적용이 가능한 파생된 관계 반응이 반드시 임의로 적용되는 것은 아니라고 말할 겁니다. 우리가 완전히 모순된 말을 하는 것처럼 들릴 것입니다. 맞죠? 그러나 여기서 일어나고 있는 것은 그런 것이 아닙니다. 이 모든 의미는 당신이 임의의 관계를 고의로 유도할 수 있다는 것입니다. 이것은 당신의 의도를 명시함으로써 달성할 수 있습니다. 이를테면 당신이 어디로 가고 싶은지 자신에게 명확히 해야 한다는 것입니다. 그것이 정리되면, 당신은 임의로 관계를 덜 도출하고 유용성을 더 고려하면서 시작하게 됩니다. 이것은 당신이 어디로 가고 싶은지, 원하는 목표에 도달하기에 효과적인 것이 무엇인지 깨닫는 놀라운 "아하" 통찰 경험의 순간으로 이어질 수 있습니다.

파생된 관계 반응은 임의로든 그렇지 않든 사람들이 매우 자주 하는 일입니다만, 항상 잘하는 것은 아닙니다. 사람들이 정말로 갇힌 stuck 경우, 새로운 것을 생각해 내는 데는 좋지 않습니다. 새로운 것을 생각해 내는 것이 항상 가능한 것은 아니며, 우리가 다뤘듯이 모든 새로운 행동이 효과적인 것은 아닙니다. 그렇지만 뭔가 새로운 것이 당신이 가고 싶은 곳에 도달하는 데에 도움이 되지 않더라도, 적어도 시도해 본 것이고 더 나은 결과를 얻을 수 있는 다른 방향으로 나아갈 수 있습니다. 그러나 갇히고 막힌 상태에서는 그렇게 생각하지 않습니다. 말 그대로 단어가 시사하는 대로, 당신의 행동은 심각하게 제한됩니다. 즉 당신의 오래된 습관과 행동이 효과가 없을 때도 예전의 습관과 행동을 고수합니다. 왜냐하면 파생된 관계 반응을 유도하고 다양하게 행동하기 위한 심리적 유연성이 부족하기 때문입니다. 심리적 경직성이 그런 때는 승리합니다.

자연 속에서의 적응과 생존과 마찬가지로 당신은 원하는 목표를 달성하기 위해 변화할 수 있어야 합니다. 이렇게 함으로써 당신은 단순히 무엇이 효과적으로 작동하고, 무엇이 비효과적인지 발견하는 것뿐만 아니라 비효과적인 것을 버리면서, 효과적인 것을 유지할 수 있습니다. 사람들이 이것에 노력하는 이유 중 일부는 손실 회피loss averse 때문입니다. 새로운 것을 얻을지 이미 가지고 있는 것을 유지할지를 선택할 때, 우리는 손실을 우려하는 경향이 있어 이미 가지고 있는 것을 선택하는 편입니다. 이는 돈이나 물품과 같이 행동과 관련해서도 마찬가지입니다. 특정 행동이 우리에게 도움이 되지 않더라도 우리는 그 행동에 감성적으로 연결되어 지속합니다. 때로는 이미 투자한 비용에 대한 걱정 때문에, 그 행동을 포기하는 대신 이전에 실패한 것을 다시 시도하고자 할 수 있습니다. 이것이 바로 심리적 경직성psychological inflexibility의 정의이며, 물론 해결책은 우리 자신을 더 유연하게 만드는 것입니다. 이렇게 하면 새로운 관계를 도출derive하고 우리에게 활용이 가능한 대안적인 다른 행동을 알아차리게 될 수 있습니다.

우리 자신만의 관계 도출하기

우리는 지난 장에서 적용된 RFT가 다양한 행동을 초대하기 위한 프레임을 추가하는 과정이라고 언급했었습니다. 이는 기본적으로 우리가 하는 매트릭스 작업의 본질입니다. 우리는 심리적 유연성을 촉진하는 맥락을 유도하려고 노력하고, 사람들이 더 유연해지면 어떤 행동이 작동하고 어떤 것이 그렇지 않은지 알아차림할 수 있도록 질문을 통해 돕습니다. 그런 다음 그들은 새롭게 얻은 유연성을 바탕으로 효과적이지 않은 행동을 **포기**할 수 있습니다. 이 모든 과정의 목표는 당연히 사람들이 자신만의 관계를 형성하도록 돕는 것입니다. 우리는 그들이 자신만의 관계적 대응responses을 찾을 수 있도록 돕고 싶습니다. 우리가 다른 사람을 위해 관계를 구성해 주면, 사람들은 관계적 대응을 유도 받지 못하고 심리적으로 심리적 유연성을 갖추지 못합니다. 단순히 우리의 말에 귀 기울이며 우리가 지시하고 설정한 관계만을 고려할 뿐이며, 다른 사람에게 무엇을 해야 하는지 말려 받을 때는 자신의 관찰 능력을 발휘하지 않습니다. 어차피 추이적 속성으로 돌아가 보면 선생님이 그것에 대해 말하는 것만으로는 충분하지 않았습니다. 진정으로 배우기 위해선 연습으로 방정식을 해결해 나가며 그 관계를 자체적으로 도출해야 했습니다.

누군가를 위해 RFT를 수행할 수는 없지만 유연한 구성 프레임을 추가할 수 있습니다. 그것이 정확히 우리가 진행하는 작업입니다. 우리는 방에 들어가 심리적 유연성의 불을 피워 마치 불꽃놀이처럼 프레임을 쏟아냅니다! 이것은 사람들이 스스로 무엇이 효과적인지를 알아내는 데 도움이 됩니다. 물론, 때로는 다른 사람을 위해 관련을 시작하고 그들에게 무엇을 해야 하고 해서는 안 되는지 당위를 말하는 것이 유혹적일 수 있습니다. 그러나 우리는 옳고 그른 행동에 신경 쓰지 않거나 특정 방향으로 사람들을 밀어 넣는 데 신경 쓰지 않습니다. 우리는 그들이 자신만의 맥락에서 자신에게 효과적인 것을 알아차릴 수 있도록 더 많은 유연성을 개발하는 데 도움을 주려고 합니다.

새로운 시도의 문제

우리는 자극 기능 변형을 다뤄왔습니다. 이는 실제 사물의 자극 기능이 단어에 대응(매핑)되는 과정입니다. 이것은 인간 의사소통에 완전히 새로운 차원을 추가합니다. 그러나 언어가 얼마나 끈적하게 달라붙게 만드는지도 설명합니다. 이것은 상호적 함의상호적 필연성 개념/ mutual entailment와 함께 어떻게 단어가 물리적 세계의 사물과 연결되어 있는지를 설명합니다.

우리가 말이나 생각을 통해 단어를 사용할 때, 그들과 연결된 자극 기능은 마치 우리 옆에 있어서 실제인 것처럼 느껴질 수 있습니다. 그리고 무엇이 실제인지보다 무엇이 실제로 느껴지는지에 더 주의를 기울일 때, 우리는 머릿속에서 많은 시간을 보내게 됩니다. 이것은 우리가 새로운 행동을 도출하고 있다고 느낄 수 있을 것입니다. 예컨대, 누군가에게 데이트하자고 제안하고 싶지만 거절당할 것이라고 확신한다면 그렇게 하지 않을 수 있습니다. 새로운 행동, 맞나요? 음, 그러나 실제로는 아닙니다. 마음이 말하는 대로 행동할 때는 새로운 것이나 학습할 것이 없습니다. 왜냐하면 그것은 실제 세계와 일치하지 않기 때문입니다. 즉, 이미 도출한 자동적인 관계에 반응(응답)이며 당신의 특수한 현재 맥락을 알아차림하고 관찰하면서 오는 중요한 어떤 것이 아닙니다. 당신이 하는 일은 행동의 범위를 머릿속의 말로 제한하는 것이며, 이는 새로운 정보나 관계를 발견하는 것을 방해합니다.

유연성은 제한하지 않고 확장합니다. 그것은 모든 정신적 및 오감 체험을 포함하는 넓은 맥락을 제공하며, 주의를 기울이는 것이 당신이 현재 사용 가능한 모든 것을 관찰하는 방법입니다. 이것이 우리가 중앙에 "알아차림noticing"이라는 단어가 포함된 원을 그리는 이유입니다. 이것은 정신적인 부분 절반과 오감의 절반을 모두 관찰하는 것을 나타냅니다. 이 모든 것을 알아차림한다면, 실효성을 고려하여 행동을 선택하고 고르며 만족감과 안도감 방향으로 다가가는 움직임을 양방향으로 모두 관찰할 수 있습니다.

실효성workability에는 어떤 것에 효과적으로 작동할 때와 효과적으로 작동하지 않을 때의 두 가지 측면이 있습니다. 물론 첫 번째 측면에 더 많은 매력이 있다는 것을 이해합니다. 완벽한 세계에서는 시도하는 모든 새로운 행동이 작동하고 항상 훌륭한 결과를 얻는 환상적인 느낌을 가지게 될 것입니다. 그러나 일어날 가능성이 더 큰 것은 새로운 행동을 알아차리고, 그것을 실행하고, 원하는 목표에 도달하지 못할 경우입니다. 당신이 갇혀서 막히면 그 행동을 계속할 수 있겠지만, 결과를 주의 깊게 관찰할 유연성이 충분하다면 그것을 포기하고 대신 새로운 시도를 할 수 있습니다. 손실 회피적인 성향loss averse nature으로 인해 이것은 어려울 수 있고 순간적으로는 만족스럽지 않게 느껴질 수 있지만, 어떤 행동이 작동하지 않을 때 주의하고 다른 것을 시도할 수 있는 능력은 개인이 할 수 있는 가장 강력한 일 중 하나입니다.

그러나 결과와 상관없이 처리과정은 동일합니다. 심리적 유연성을 촉진하기 위해 유연한 구성 프레임을 추가하고, 이를 통해 사람들이 새로운 관계와 가능한 행동을 유도할 수 있도록 돕습니다. 그런 다음 사람들은 이러한 행동을 수행하고 다음에 무슨 일이 일어나는지 주의 깊게 관찰하며, 작동 가능한지 여부에 따라 이러한 행동을 유지하거나 포기할 수 있습니다. 이것은 행동적인 자연 선택의 작용입니다. 우리는 이것이 항상 쉽지 않다는 것을 이해합니다. 뒤에서 벗어나려는 경향이 있었기 때문이죠. 음식을 찾아 나가거나 안식처를 짓는 것과 같은 습관을 개발하는 것은 인간 생존에 중요했기 때문입니다. 진화적으로 우리는 고착되어 있고 갇혀있는 편입니다. 그러나 이는 때로는 잘 작동하지 않는 것에 갇히게 되고, 그러면 효과적이지 않은 행동을 고수하려고 노력한다는 것을 의미합니다. 우리가 무언가를 충분히 자주 한다면, 우리는 그것을 우리 자신의 일부로 보기 시작할 수 있고, 그러면 멈추어서 뭔가 다른 행동을 하는 것이 정말 어려워질 수도 있습니다.

당신이 이미 잘 알고 있는 것처럼 유연성을 도출하는 것은 끈적거리는 생각과 언어의 규칙 지배를 줄이는 열쇠이며, 우리는 매트릭스를 보여주고 루프를 실행하면서 유연한 구성 프레임을 추가합니다. 그런 다음 사람들에게 보여주고 유연한 구성 프레임을 추가하고 새로운 관계 반응을 유도하는 데 도움을 준 후에는 사람들이 매트릭스를 가져가서 혼자 스스로 사용할 수 있습니다. 그들은 자신만의 유연성을 도출할 수 있고, 이것이 우리가 하는 ACT 작업의 진짜 목표입니다. 우리는 사람들의 맥락에 물들고 무엇이 효과적인지 말하는 것을 원하지 않습니다. 우리는 사람들의 맥락에 빠져 낚이고 그들에게 무엇이 효과적인지 직접 말해주기를 원하지 않습니다. 우리는 단지 그들에게 자체적으로 스스로 활용할 수 있는 자신만의 도구 매트릭스를 제공할 뿐입니다. 그래서 그들은 언제 어디서든, 도움과 상관없이 심리적 유연성으로 갈 수 있도록 돕고 싶습니다.

이 모든 것, 그리고 우리가 하는 일의 전부는 관계구성틀 이론 (RFT)에 뿌리를 두고 있습니다. 그러나 이 장의 대부분을 통해 머릿속, 생각 속에서 빠져나와 삶 속으로 들어가는 방법에 대해 탐색했지만, ACT 창시자인 헤이스의 훌륭한 책 제목처럼 우리는 RFT가 말하는 인간이 어떻게 갇히게 되는지, 언어의 역할에 대해 주목하는 데 시간을 덜 쓰고 있습니다. 그러기 위해서는 RFT에 더 깊이 파고들어야 하며, 그 과정에서 어떻게 사람들이 매트릭스의 도움을 받아 유연한 구성 프레임과 새로운 행동을 얻어내기 위해 언어의 용도를 변경할 수 있는지 그 방법을 자세히 알아볼 것입니다.

MEMO

7 언어가 우리를 가두는 방법과 대응 방법

헤이즈와 그의 동료들이 RFT의 기초를 다질 때, 그들은 간단한 연구 문제에 동기부여 되었습니다. 그것은 왜 사람들은 자신의 머릿속에 생각 속에 갇히게 되는 걸까요? 이 질문은 과도하게 단순화된 표현이지만, 본질적으로 그들이 자문했던 주제입니다. 우리는 모두 생각이 얼마나 불쾌하고 생각에 주의가 붙잡혀 있는지 알고 있습니다. 누구나 머릿속의 말들로 인해 너무 불편해져서 안도감을 얻으려고 하는 경험이 있습니다. 그들의 마음은 "자신은 충분하지 않다."거나 "너는 이렇게 해야 한다."거나 "그렇게 하는 것은 정말 어리석은 것이다."라는 식으로 뭔가를 말했을 것이지만 우리는 사실 그러한 말들을 듣고 싶지 않습니다. 당연하지만 정말 아무도 그런 종류의 마음속 비난의 얘기를 듣고 싶어하지 않아요!

헤이즈와 그의 동료들은 특히 **자살 행동, 자살경향성**에 중점을 두었습니다. 그들은 사람들이 왜 자신의 생각과 감정에서 벗어나려고 자살까지 할 정도로 머릿속에 갇히는지 알고 싶었습니다. 그들은 그 단어와 감정이 왜 그토록 달라붙어 있는지에 대한 설명이 필요했습니다. 단어가 사람들을 갇히게 할 수 있다는 것을 알아낸 후에, 그들은 사람들의 언어와 관계를 수정하고자 했습니다. 또 사람들의 끈적한 단어와 연결된 프레임을 변환하는 데 도움이 되는 방법을 찾고 싶었습니다. 그들이 추구한 것은 기능적 맥락주의 위에 쌓을 수 있는 언어 인지에 대한 효과적인 이론이었으며, 이것이 최종적으로 RFT 개발로 이어졌습니다.

RFT 개발에 참여한 헤이즈, 더못 반스-홀름스Dermot Barnes-Holmes

등의 심리학자들은 RFT가 언어에 대한 "정확한" 이론이라기보다는 실효성(작동성)에 더 중점을 두었습니다. 심리학자들은 사람들이 가고 싶은 방향(가치)으로 가는 데 도움이 되는 언어 인지 이론을 원했습니다. 따라서 RFT가 언어 습득을 개념화하는 방법만큼이나 중요한 것은 언어에 대한 당신의 연결을 어떻게 느슨하게 만들 수 있는지 설명하는 것입니다. 물론 이를 위해 유연한 프레임을 추가합니다. 이를 통해 사람들은 자살로 몰리지 않고도 끈적한 단어와 감정에서 안도감을 얻을 수 있습니다.

우리가 알다시피, 구성 프레임을 추가하여 생각과 언어와의 관계를 변경하려면 여러 가지 행동 후 결과를 주의 깊게 관찰해봐야 합니다. 언어는 우리 주변 세계와 연결되어 있으며, 우리가 단어 주위에 구축한 구성프레임도 마찬가지입니다. 이는 또한 언어가 우리와 더 넓은 세계와 상호 작용하는 방식과 연결되어 있다는 것을 의미합니다. 적어도 RFT는 이렇게 보고 있습니다. 반면에, 메커니즘 및 정신론적 이론은 언어를 명확히 마음의 영역에 위치시킵니다. 그들은 이것이 우리 안에 본래 내재되어 있는 무언가라고 말합니다. 이는 본질적으로 노암 촘스키가 스키너의 급진적인 행동주의에 대한 반응으로 제시한 주장입니다.

우리는 여기서 솔직하게 불편함을 고백하며 인간이어서 어쩔 수 없는 약간의 판단을 내릴 것입니다. 언어학자의 방금 주장은 형이상학적인 헛소리의 뭉치라고 생각합니다. 이것은 뇌 속의 언어 센터를 형성하며, 마치 비어 있는 사탕 자판기pez dispenser처럼 위쪽을 누르면 계속 사탕을 내뿜는 것으로 생각합니다. 물론 측두엽 등 뇌의 어느 부분은 분명 언어 사용과 관련이 있습니다. 예컨대, 특히 왼쪽 대뇌 측두엽이 손상되면 말하는 데 어려움이 생길 수 있습니다. 그러나 뇌는 언어를 말 그대로 창조하지 않습니다. 적어도 완전히 만들어내는 것은 아닙니다. 지금까지 누적된 연구를 근거할 때, 오히려 우리가 사용하는 언어는 내재적 내 구조나 유전인자 보다 우리가 사는 세상으로부터 크게 영향을 받습니다.

촘스키와 같은 정신론적인mentalistic 아이디어와는 달리 RFT는 실제로 관측할 수 있는 언어 습득 과정을 살펴봅니다. 아마도 더 중요한 것은 언어를 행동으로 살펴보고 있다는 것입니다. 정신론의 관점은 언어를 우리에게 그냥 일어나는 것으로 보고 있습니다. 우리는 태어날 때부터 가지고 있고, 그에 대해 우리가 할 수 있는 일은 없습니다. 이는 분명히 도움이 되지 않는 이론입니다. 언어와의 관계를 어떻게 변화시킬 수 있는지에 대한 어떤 통찰을 제공하지 않습니다. 그러나 RFT는 변화 대한 방법을 제시합니다. 언어를 행동으로 구성하기 작업을 함으로써 우리는 언어를 **연습**할 수 있는 내상으로 가능성을 열어 둡니다. 우리가 기능과 수행 향상을 위해 어떤 것이든 연습하는 것처럼, 언어 사용에서 협동 노력으로 새로운 기술을 배울 수 있습니다. 이것은 단지 특정한 목표와 의도를 가지고 연습하는 것을 의미합니다. 이를 설명하는 용어가 있습니다. 계획적이고 신중한 연습입니다. 우리는 의도적 연습을 통해 단어들을 어떻게 사용하는지 방식뿐만 아니라 단어들과의 관계를 바꿀 수 있습니다.

언어 습득 과정

RFT가 언어 습득에 대해 어떤 말을 하는지 더 잘 이해하기 위해 **자극 기능의 변형** 예제로 돌아가 보세요. 그리고 어떻게 "레몬"이라는 단어가 노란 과일에 대응(매핑)되었는지를 생각해 보세요. 당신이 아이이고, 언어 맥락에 새롭게 참여하는 경우 "레몬", "엄마", "아빠", "그만"과 같은 새로운 단어를 끊임없이 듣게 됩니다. 특히 마지막 것 "그만!"은 어린이들이 많이 듣는 것 중 하나입니다! 물론 이러한 소리를 듣는 것만으로 충분하지 않습니다. 이러한 소리를 어떤 행동이나 사람과 관련시켜야 주위의 사람들이 무엇을 전하려고 하는지 이해할 수 있습니다. 자극 기능의 변형은 우리 오감으로 관찰이 가능한 것들에 어떻게 단어가 대응되는지 설명하며, 우리가 아직 명시적으로 언급하지 않았지만, 또한 어떻게 단어가 생각, 감정 등 우리 마음의 것들에 대응되는지를 묘사합니다. 감각으로 경험하는 것이 마음속의 것과 어떻게 관련되는지는 기본적으로 매트릭스 도표의 수직선으로 나타냅니다. 그리고 이전에 배웠듯이 우리는 상호적 함의라는 과정에서 프레임과 다섯 가지 감각 경험을 단어에 대응합니다. 이렇게 하면 단어, 구성프레임 및 단어가 나타내는 물리적인 것이 모두 연결됩니다.

관계구성틀(프레임)은 달라 붙어 끈적끈적할 수 있습니다(예: 이 동네 밖은 위험하며 가족만 믿어야 한다. 눈 작고 황색 얼굴의 사람과만 대화해야 한다). 언어, 세계 및 마음 간의 관계를 만들어 두어서 사람들을 머릿속에 가두어 놓고 주변에서 실제로 무슨 일이 일어나고 있는지 알아차릴 수 없게 만들 수 있습니다. 이때 그 달라붙은 끈적임을 느슨하게 줄이는 것이 중요하며, 그것이 우리가 매트릭스로 하려는 작업입니다. 언어 규칙이 우리의 행동에 미치는 영향을 줄이고자 합니다.

앞서 언어에 대해 언급했듯이, 언어는 우리에게 따라야 할 규칙을 만들어 내며 이 규칙을 따르는 것이 행동의 범위를 제한할 수 있습니다. 그리고 이러한 규칙을 따르는 것이 현실적이지 않을 때가 있습니다. 누군가에게 데이트를 신청하거나, 신청하지 않는 결정과 선택은 우리가 자주 사용하는 고전적인 예입니다. 사실 이것은 정말로 고전적인 사례이며, 우리는 이미 이것을 이용해 여러 번 언급했을 정도로 많은 사람이 이 경험을 했을 것입니다. 마음에 드는 그 사람에게 데이트 신청하고 싶지만 "해봐야 바로 거절이나 당하겠지!"라고 자기 자신에게 이야기하고 그렇게 결정하는 것입니다. 딱 그렇게 하면 데이트 신청의 행동과 거절의 두려움을 함축시키며 이미 자기 자신에게 새로운 규칙('뭔가 안 하던 새로운 행동은 적절하지 않다!')을 만들어 두었습니다. 이 규칙은 장기적으로 데이트를 매우 어렵게 만들며, 만약 다른 사람들도 그렇게 생각한다면 데이트하는 사람들은 아무도 없을 것입니다!

이 인간의 현상은 생각하기에 매력적인 이성에게 데이트를 신청하는 이슈에 국한되지 않습니다. 우리는 자신의 일에서 이를 여러 차례 경험했습니다. 우리는 강의 중 한 명의 학생이 연구 관련 훌륭한 아이디어가 있다고 말하면 우리는 그것을 적극적으로 추진하도록 장려합니다. 나중에 학생들의 그동안 진행 과정에 대해 점검할 때 그들이 시작하기도 전에 포기했다는 것을 발견할 때가 있습니다. 어떻게 된 것일까요? 그들의 프레임 규칙이 나타났고 그들은 얼마 전까지 흥분을 유발했던 그 아이디어를 실제 일이 되도록 추진하지 않겠다고 결정한 것을 대화 중에 알게 되었습니다.

이제 이 문제가 매우 익숙하게 들리고 이미 해결책이 떠오르기 시작했다고 생각합니다. 이전 장에서도 언급했듯이 매트릭스 회로를 하나씩 알아차리며 돌아다니면 됩니다. 그렇게 하면 사람들을 그들의 머리, 생각 속에서 빠져나와서 주변에서 실제로 무슨 일이 일어나고 있는지로 들어갈 수 있습니다. 모든 것에 주의를 기울일 때, 머릿속의 규칙과 당신이 만들어 놓은 함의는 그다지 끈적끈적하지 않게 됩니다. 당신은 규칙을 깨는 생각과 함께 머무는 것에 대해 훨씬 편안해집니다.

빠르고, 부드러운, 유연성 책략

매트릭스를 꺼내기에 시간이 없거나 그렇게 할 수 없는 상황이라면 끈적임을 줄이고 유연성을 높이는 간단한 요령이 있습니다. 사실 매우 간단하며, 세 글자뿐인 한 단어입니다.

당신이 원한다면, 몇 분 동안 이것을 알아보고 이해하려고 노력해보세요. 우리는 이미 지난 단락에서 한 번 사용했습니다. 물론 이한마디만으로 갇힌 상태를 해결하지 못할 것입니다. 언어 자체가 새로운 행동을 얻는 데 도움이 되지 않으며 언어 주변의 프레임은 행동이 바뀌지 않는 한 변하지 않을 것입니다. 그러나 이것은 당신이 필요로 하는 관점 전환, 조망수용력 향상을 도울 것입니다.

계속 진행할 준비가 되셨나요? 좋아요. 훌륭합니다!

우리가 얘기하려는 단어는 '**그리고**and'입니다. 그리고를 거의 모든 상황에서 유연성을 추가하는 데 사용할 수 있습니다. '그리고'는 생각하고 다른 것을 떠올릴 시간을 벌어주며, 더 중요한 것은 덧셈기호의 대용으로 작용합니다. 마치 "1 그리고 1은 2다."라는 표현이 1+1=2를 작성하는 방법일 뿐이며, 문장에서 "그리고"를 사용하면 무언가를 추가할 거라는 원리를 보여줍니다. 이것은 스스로 상당히 유연성이 부족한 것을 유연한 구성 프레임으로 도입할 기회를 제공합니다. 이것이 어떻게 보일 수 있을까요? "내가 그들에게 데이트를 신청하면 그들은 어쨌든 거절할 거야…. **그리고** 나는 생각대로 제안해 보겠어!" 물론, 데이트를 신청하려는 누군가가 거절할 수 있습니다.

그러나 그렇지 않을 수도 있습니다. 규칙을 따르지 않고 행동을 시작하지 않는 한 당신은 알 수 없습니다.

　이 책략을 매트릭스와 결합하려면, 누군가가 무언가를 말할 때마다 간단한 질문을 하면 됩니다. "그것은 매트릭스에서 어디에 들어갈까요?" 그렇게 하면 그들이 당신에게 말한 것에 유연한 프레임을 추가하여, 그것이 도표에서 어디에 들어갈지 찾아내려고 노력하는 기회를 제공합니다. 이것만으로도 유연성 전략을 성공적으로 수행하는 데 충분합니다! 다른 선택지는 그들이 당신에게 말하는 내용에 참여하고 유연한 프레임을 추가하려고 하는 것입니다. 이를 '긍정적 재구성하기positive reframing'라고 하며 때로는 효과가 있을 수 있지만 대부분은 그렇지 않습니다. 매트릭스를 포기하고 그들이 투쟁하는 어떤 문제에 투입하면, 당신은 그 투쟁하는 고민의 일부가 됩니다. 그들을 그런 식으로 알아차림하게 만드는 데는 많은 작업이 필요하며 성공을 보장할 수 없습니다. 반면에 **"그리고"** 단어를 사용하면 거의 즉시 심리적 유연성이 함양되고, 즉시 알아차림하는 것을 촉진하여 도움을 줍니다.

이전에 언급했듯이 매트릭스를 사용하면 사람들이 '관찰자 자기'의 관점으로 들어가 자신의 내부 및 외부 행동을 외부의 관점에서 볼 수 있게 됩니다. 그들은 자신들 이야기의 주인공이 아니라 화자가 되는 것이다. 화자는 (전지적 작가 시점처럼) 항상 주인공이 갖고 있지 않은 지식과 인식을 가지고 있습니다. 심지어 이 메타포(비유)를 더 발전시켜 그들이 작가가 되고 있다고 말할 수 있습니다. 왜냐하면 사람들이 자신이 무엇을 하고 있는지, 그게 그들을 원하는 곳으로 안내하고 있는지 주목할 때 새로운 행동을 선택할 기회가 생기기 때문입니다. 이제 그들은 자신이 존재할 수 있을 것이라고는 깨닫지 못했던, 이야기의 새로운 장을 만들어 낼 수 있습니다.

당신 존재의 이야기

잠시 언어로 돌아가서 다뤄 봅시다. 외부에서 관찰하는 관점이 정확히 바로 당신이 존재로 나타나도록 허용해 준 것입니다.[17] 물론 문자 그대로는 아닙니다만 비유적으로 이 부분에서는 당신의 부모님은 찬사를 받아야 합니다. 그러나 언젠가는 당신이 부모에 대해 배우는 동안 당신에 대해서도 알게 되었습니다. 당신은 "당신" 자신이 여기 너머에 있고, 부모님은 저기 너머에 존재합니다. 당신이 이것을 깨닫게 되는 그 순간에 당신은 '자기self'를 창조했습니다. 당신 스스로yourself를

---

17 외부인 관점: 자기를 관찰하는 맥락으로, 자기의 관점으로 나를 외부에서 본다는 것을 말한다. 이는 나를 외부에서 보니 내가 여기 존재하는 것을 안다는 것이다(역자 주).

의미하는 것이 아니라 당신의 **자기**self를 말하는 것입니다. 당신은 "당신"이 세상에서 다른 존재들과의 관계 속에 위치한 존재로서 인식하는 언어와 인식을 개발했습니다. 그리고 바로 여기, 당신이 스스로 자신에게 말하는 이야기story가 시작되었습니다. 당신이 어떤 이야기를 할 수 있는 "자기self", 존재를 인식하는 순간부터 시작된 것입니다.

물론, 각자 자신만의 이야기가 있으며, 각자 자신의 이야기를 좋아합니다. 우리는 물론 우리의 이야기를 좋아하고 있습니다. 그리고 우리는 이야기에 붙어 있고sticking 갇히게 됩니다. 그렇다 하더라도 각자 자신의 이야기에 얼마나 갇히는가는 그 이야기에서 어떻게 빠져나올 수 있는지에 영향을 미칠 수 있습니다. 우리가 이야기를 전하려고 만드는 언어와 규칙에 너무 많은 주의를 기울일 때, 실제로 효과적인 부분을 인식하지 못하게 되어 우리가 원하는 곳으로 이동하지 못할 수 있습니다. 우리는 새로운 행동을 창출하기 위해서 이야기를 멀리서 거리를 두고distancing 관찰해야 합니다. 이것에 대해 당신은 "그리고 이 행동은 매트릭스 어디에 들어갈까요?"라고 물었을 때 일어나는 일입니다. 이 질문을 필요할 때마다, 여러 번 반복해서 사용할 수 있습니다.

사람들에게 그들의 불쾌하거나 다양한 경험들이 매트릭스의 어디에 들어갈지 물어보는 것, 우리가 "분류 과정sorting"이라고 부르는 것은 아주 미묘하게 통제하고 관리하려는micromanage 유혹이 자연스럽게 생길지도 모릅니다. 내담자의 경험 이야기가 접근 움직임처럼 들리는 것을 말할지 모르겠지만 그것을 안도감(경감-회피) 부분으로 놓을 것입니다. 머릿속에서 벌어지는 것 같은 정신적 경험을 오감 경험으로 놓을지도 모릅니다. 이러한 경우에서는 아마도 그들을 위해 분류 과정을 수행하려 할 것이지만, 그 통제의 유혹에 빠져들지 않도록 주의해야 합니다. 매트릭스 작업의 핵심은 경험을 올바른 사분면에 배치하는 것이 아닙니다. 도표는 사람들이 자신의 이야기에서 물러나 자신의 정신적 및 오감 경험을 인식하여 효과적인지 아닌지를 알아차리도록 돕는 데 의의가 있습니다. 이렇게 하면 새로운 행동을 시도하고, 효과적이지 않은 예전 행동을 버릴 수 있습니다. 이렇게 조망 수용perspective taking의 관점을 가져가는 한 사람들이 "올바르게" 분류하고 있는지 걱정할 필요가 없습니다.

우리는 당신의 이야기를 거리를 두고 보기 위해서는 마치 언제나 누군가의 도움이 필요하다고 얘기하고 있는 것 같지만 꼭 그렇지 않습니다. 당신이 매트릭스를 가지고 있다면 자신의 이야기를 돌아보고 자신의 노출을 스스로 알아차림할 수 있습니다. 그러나 자신의 이야기를 계속해서 돌아볼 수 있을 정도로 되려면 많은 연습이 필요합니다. 심지어 그 정도에 이르더라도 항상 그렇게 할 수는 없습니다. 아무도 그렇게 할 수 없습니다. 당신은 언젠가 자자기 삶의 이야기로 돌아가서 작가가 아닌 주인공이 되어야 합니다. 왜냐하면 다양한 행동이 가능한지 이해했더라도 사실적으로는… 당신이 알고 있는 그것들을 실제로 해야 가능하기 때문입니다. 따라서 멀리 물러나서 알아차림하는 것이 무엇보다 중요합니다. 현실적으로 가능한 만큼 범위 내에서 자주 연습하고 수행하십시오.

ACT 및 RFT에 대한 참고사항

이 장이 RFT와 그 역사의 개요로 시작되었지만 우리는 그것이 ACT에 어떻게 영향을 미치는지를 건너뛰고 바로 매트릭스로 넘어갔습니다. 이것은 우리의 의도적인 선택이었습니다. 결합된 상태에서 수천 시간 이상을 ACT를 실습하고 모든 책을 읽으면서 자료 중 상당수는 꼭 필요한 것이 아니라는 것을 발견했습니다. 케빈이 친사회적 매트릭스를 만든 이유 중 하나는 ACT 작업이 너무 천천히 진행된다고 느꼈기 때문입니다. 케빈은 더 빠르고 간단하며 접근하기 쉬운 버전을 원했으며 그것이 바로 매트릭스입니다. 그러나 그의 매트릭스 도표는 여전히 기능적 맥락주의와 RFT의 기본 구조 위에 서 있다는 것을 기억하시길 바랍니다. 우리가 하는 방식에는 행동의 기능과 맥락을 관찰하여 효과성을 측정하고 RFT에서 제시한 언어, 세계, 그리고 마음 간의 관계가 내포되어 있습니다.

이제 ACT 작업이 너무 느리게 진행된다고 말할 때, 문자 그대로 느림을 의미하는 것이 아닙니다. 우리는 실제로 생산성 면에서의 느림을 의미하며, 좀 더 직접적으로 표현하면 우리의 경험에서 ACT는 다소 번거로운 변이 있습니다. ACT는 기능적 맥락주의와 RFT의 전통을 따르며 RFT를 실용적인 방식으로 사용하려 시도합니다. 우리가 하는 것처럼 말입니다. 그러나 ACT 자체는 매트릭스에 비해 그 이전 이론보다는 덜 관련되어 있다고 할 수 있습니다. 그 목표는 우리와 일치하지만 실제로 ACT는 종종 상당히 밀도 높게 사용되며, 실무자들은 "탈융합", "전념행동", "현재 순간 알아차림 연습"과 같은 무겁고 어려운 용어를 알아차림 없이 가르치고 가볍게 던지는 함정에 빠질 수 있습니다. 물론 우리도 전문용어를 많이 사용했지만, 우리가 내담자, 대중과 작업 중이라면 그렇게 하지 않을 것입니다!

행동의 기능 및 맥락을 주목하는 것이 매트릭스가 원래 설계된 목적이며 이것은 대부분의 ACT 실무자가 취하는 접근보다 간단하고 접근하기 쉬운 방식으로 수행됩니다. 여기서 천천히 마음챙김하며 가는 것은 실제에서 중요합니다. 이것은 매트릭스에서 최대한의

이점을 얻을 수 있도록 도와줍니다. 마음은 가고 빨리 이동하고 싶어 합니다. 특히 이미 몇 번 한 적이 있는 작업을 할 때 말입니다. 마음은 당신이 이것은 "옳고, 저것은 틀리다."라고 말하고, 도움이 되지 않고 성급한 편집 주석editorial comments을 제공하기 시작할 것입니다. 마음의 말에 너무 신경을 쓰고 그것이 말하는 모든 것을 실천하려고 하면 알 아차림하는 것이 사실상 불가능해집니다. 오히려 너무 빠르게 가서 자신을 흩뿌리지 말고, 단순히 주목하면 훨씬 더 효과적입니다. 마음 이 자신만의 일을 하게 두고 계속해서 알아차림을 해보세요. 매트릭 스를 천천히 통과하면 이를 수행하는 데 도움이 됩니다. 당신이 어디 로 가려면 어떤 것이 효과적이고 어떤 것이 효과적이지 않은지를 알 아내는 데 필요한 알아차림하기에 적절한 거리를 제공합니다.

모든 것을 주의 깊게 관찰하면서 마치 TV나 라디오처럼 마음이 전경과 반대인 백색 소음 같은 배경에서 돌아가게 하기 위해서는 꾸 준한 연습이 필요합니다. 이때 맥락에서는 앞에 언급과 달리 [메타 포] 「방송 기계 소음」은 비유로서 훌륭합니다! 우리는 당신에게 모든 것을 주의 깊게 관찰하면서 마음이 주의를 끌려고 할 때가 쉽지 않다 고 말하지 않겠습니다. 그렇다고 해도, 이것은 필수적입니다. 왜냐하 면 당신의 마음은 당신을 작가의 자리에서 끌어내려 이야기에 빠지 도록 되돌리려고 할 것이기 때문입니다. 이렇게 하면 학습이 훨씬 어려워집니다. 거리를 두고 현재에서 무엇이 일어나는 것을 주목하면서, 무엇이 훨씬 더 효과적으로 인식할 수 있게 될 것입니다.

사람들이 왜 자신의 머릿속 생각에 갇혀 결국 자살까지 감행하는지에 대한 ACT 창시자 헤이즈의 초기 연구 질문을 다시 살펴보면, 매트릭스와 우리의 관점에 RFT의 영향을 쉽게 볼 수 있습니다. 우리는 언어의 끈적함을 아주 잘 이해하고 언어와 단어 사이의 관계가 사람들을 위험하고 좁은 길, 터널 시야로 이끌 수 있다는 것을 알고 있습니다. 헤이즈와 다른 심리학자들은 이러한 위험을 다루기 위해 말과 함의에서 벗어날 수 있는 언어 습득 이론을 개발하여 사람들이 자신의 말과 그에 따르는 것들에서 분리되어 가고자 했습니다. 우리가 다른 RFT 치료자들과 다르게 작업을 한다고 할지라도 다른 ACT 및 RFT 분야의 치료자들처럼 언어에 대한 이해는 통합되어 있다고 말할 수 있습니다. 즉 언어를 이해하는 방식을 공유하며, 언어를 습득하는 방식, 우리의 언어와 거리를 두고 보는 방식, 가고자 하는 목표를 얻기 위해 딱 붙어 있는 규칙과 어떻게 분리할 수 있는지에 관해 통합되고 통일된 이해를 가지고 있습니다.

8 중급 RFT: 관계구성틀 이론이 매트릭스와 만나는 곳

지금까지 저희는 관계구성틀 이론(RFT)을 한 개념씩 천천히 소개하여 당신이 빙글빙글 도는 어휘에 빠져들기 전에, 마치 당신이 입수 시에 차가운 물에 천천히 발부터 담그면서 몸을 적응시키듯이 이론에 순응할 수 있게 도와보려고 했습니다. 그럼에도 불구하고 우리는 RFT가 이해하기 어렵고 무거운 내용임을 알고 있습니다. RFT의 잡초에 빠져 전문용어에 빠져 들어가 우리 자신을 잃어버릴 수 있습니다. 당신은 RFT가 무엇인지에 대해 생각하는 데 많은 시간을 할애하게 되어 RFT가 만들어진 본래 목적을 잊어버릴 수 있습니다. 어떤 행동이 당신이 이루고자 하는 목표에 도달하는 데 실제로 효과적인지 알아차리고 개념과 감정이 붙은 끈적한 언어를 탐험하는 데 시간을 많이 쓰게 될 수 있습니다.

케빈은 전문적 기술 용어에 의존하지 않고 실제로 적용할 수 있는 RFT를 위한 도구를 제공하기 위해 의도적으로 매트릭스를 고안했습니다. 그는 작업하기 쉬운 효과적인 것을 만들고자 했으며, 여기서 그 중요한 단어는 "하기doing"입니다. 역설적으로 들리지만, 매트릭스를 사용하면 RFT를 모르는 사람들조차도 RFT를 할 수 있습니다. 그러나 이제 당신은 매트릭스 배경이 되는 이론에 대해 꽤 확실히 배우고 개념을 다졌기 때문에, 드디어 RFT를 실제로 어떻게 연습하는지 탐험해 보는 시간입니다!

앞에 지나온 장에서 우리는 언어가 사람들을 그들의 머릿속에 갇히게 만들어 오감five sense의 세계에서 일어나는 중요한 일을 놓치게 되는 것을 알았습니다. 우리는 직접적인 접근을 택하며, "사람들에게 그들이 머릿속에서 벗어나야 한다."라고 말할 수 있습니다. 그런데 그게 어떤 작용을 하는 걸까요? 우리에게는 확실히 작용하지 않았습니다! 사람들을 끊임없는 경이로운 경지에 두기보다는 그들을 판단 받는 느낌을 들게 합니다. 또한 어떤 유연한 구성 프레임도 추가하지 않습니다. 당신은 그들에게 따를 언어 규칙을 더 주고, 그것들은 유연성을 촉진하지 않습니다. 그것들은 사람들의 행동을 제한합니다.

예/아니오 질문은 매우 유연성이 없는 언어 유형입니다. 누군가에게 "누가 당신에게 중요한가요?"라고 묻는 것과 "당신에게 중요한 사람이 있나요?"라고 묻는 것 사이에는 엄청난 차이가 있습니다. 전자는 사람들이 스스로 알아차리고 대답할 기회를 제공하는 반면, 후자는 예 또는 아니오로만 대답해야 함을 요구하는 것으로, 이는 알아차림에 적합하지 않습니다. 이것은 당신이 대답을 듣고자 하는 상대의 반응을 심각하게 제한하는데, 사람들에게 "예" 또는 "아니오"라는 두 단어 중 하나를 찾고 있다고 암시하게 됩니다. 당신이 하려는 작업이 두 단어 사이에서만 선택하는 것일 때, 당신은 많은 것을 알아차리지 못하게 됩니다.

관계구성틀 이론의 적용

이전에 언급한 대로 새로운 관계성과 행동을 얻는 것은 당신이 유도된 행동을 할 때 효과적입니다. 사람들은 다른 사람들이 알려준 것보다 자신이 스스로 배운 것을 가지고 행동하기를 선호합니다. 특히 판단을 받고 있다는 느낌이 들 때는 자기가 정한 행동을 더 선호합니다. 사람들이 갇히는 상황 또는 판단이나 저항에 마주치면, 심리적으로 유연하지 못하게 됩니다. RFT 방식이 아닌 용어로 말하면, 그들의 행동이 변화하기 어려워집니다. 물론 목표는 그것이 쉬워지는 것입니다. 여기서 심리적 유연성이 필요합니다. 그들은 모든 가능한 행동을 알아차리기 위해 유연한 프레임이 필요하며, 그런 다음 그 효과적인 것과 비효과적인 것을 배우기 위해 충분히 알아차림해야 하고 자신에게 중요한 것을 하는 것입니다.

이상적으로 응용 RFT는 간접적인 방식으로 이 모든 것을 돕는 이론이어야 합니다. 사람들에게 그들이 무엇이 "틀렸다"라고 말해주거나, 무엇이 "옳았다"라고 말해주는 대신에, 만족감과 안도감에 접근하기 위해 당신이 무엇인가를 하고 있다는 것을 스스로 알아차리도록 합니다. [메타포] 「흙탕물」, 이는 마치 내담자가 탁한 물에서 수영하는 것처럼, 앞이 보이지 않아 어디로 가야 하는지 모르는 것 같습니다. 직접 물속으로 들어가 내담자를 끌고 나오려는 대신, 당신은 그들이 어디로 가려고 하는지와 어떻게 거기에 도달할 수 있는지 스스로 볼 수 있도록 모든 진흙을 처리하도록 돕는 것과 같습니다. 이 방식으로 그들은 새로운 행동을 학습하게 되며, 이는 얼마나 효과적으로 작동하는가에 따라 사용하거나 사용하지 않을 수 있습니다. 만약 당신이 그들을 대신해서 그것을 직접 해준다면, 그들은 배우지 못합니다. 그런 방식으로는 파생된 관계가 발생하지 않습니다.

이제 당신은 응용 RFT가 무엇을 해야 하는지 알고 있지만, 실제로는 어떤 모습으로 보이는 행동일까요? 이 질문에 대한 우리의 대답은 **매트릭스**Matrix**입니다! 매트릭스 도표를 통해 관련된 행동을 하는 것이 바로 RFT를 적용하는 것입니다.** 여러 해 동안 다양한 사람들과 매트릭스를 사용하면서 효과적인 소개 및 안내 방법을 찾아냈습니다. 이제 우리가 발견한 매우 효과적인 접근 방법을 당신에게 소개하고 공유하고자 합니다.

허락과 동의 구하기

매트릭스 실습을 위해 '줌' 방에 들어가거나 영상 회의에 참여할 때, 첫 단계에서 우리가 항상 하는 일이 있습니다. **우리가 특정 관점에서 작업한다고 말하고 그것을 보여줘도 괜찮을까 묻는 것입니다.** 이것은 꽤 사소한 것처럼 보일 수 있지만 이미 우리는 맥락을 이미 변화시키기 시작했습니다. 이 모든 것은 기능적 맥락주의에 기반하고 있기 때문에 언제나 맥락이 있습니다. 그것이 한 사람의 맥락이든 그룹의 맥락이든 간에 사람들이 하는 모든 것은 고립된 곳에서 일어나지 않습니다. 그래서 우리는 그 맥락의 일부가 되었고 즉시 그것에 영향을 끼쳤습니다. 구체적으로 우리는 그들의 관점을 변화하게 하는 요소를 추가하고 있습니다.

만약 당신이 매트릭스나 우리의 작업 형태에 대해 모르는 상태에서 "안녕하세요. 저는 특정 관점에서 일합니다. 그 관점을 보여줘도 괜찮을까요?"라고 말한다면 어떻게 느껴질까요? 그것에 대한 호기심이 일어날 것입니다. 당신은 이 "관점"이 무엇인지 모르기 때문에 그것을 알아내고 싶어 할 것입니다. 그래서 당신의 흥미가 자극될 것입니다. 더하여 우리가 이 관점을 공유해도 좋은지 허락을 구하는 중입니다. 우리는 처음에 그냥 나와서 입에서 흘러나오는 말을 하지 않고, 당신이 앞으로 나가기를 기다리며 당신이 관심이 있다는 신호를 보내주길 기다리고 있습니다. 그런 요청을 받았다면 기분이 좋을 것입니다. 이렇게 하는 것은 우리가 당신의 생각을 존중하고, 이것을 강연이 아닌 협력해서 만들어 나가겠다는 의도를 나타내기 때문입니다. 간단히 말하면, 이것은 예의이며 존중은 중요합니다. 그리고 누군가가 당신을 존중해 주면 협력할 가능성이 훨씬 더 높아집니다.

　분명하게 말하면, 우리가 변화시키고 있는 특별한 맥락은 우리와 당신 또는 우리와 함께 일하는 사람들 사이에 존재하는 맥락입니다. 우리는 유연한 프레임을 추가함으로써 이것을 수행하고 있습니다. 우리는 호기심 프레임을 추가했습니다. 우리는 두 문장으로 사람들을 흥미진진하게 만듭니다. 또한 협력 프레임을 추가하여 사람들이 우리의 관점을 보여주기 위해 승인하는 방향으로 기울이도록 만듭니다. 갑자기 우리 맥락에 개방성 프레임이 떠다니게 되어, 이 점진적인 협력적인 처리과정과 우리의 관점에 수용적인 상태를 유지하면 앞으로 일어나는 일들을 알아차리도록 도와줍니다.

　"열린 프레임"이라는 용어가 무엇인지 정확히 모르겠다면 반대 상황을 생각하는 것이 도움이 될 수 있습니다. 당신의 삶에서 처음 몇 분 안에 막히고 차단된 상황을 접한 경험이 있을 것입니다. 아마도 학생 시절에 닫힌 경험을 많이 했을 것입니다. 당신은 좋아하지 않는 수업 시간에 들어가서 교사가 파워포인트를 시작하면 자동으로 다양한 생각이 옵니다. "이 수업 참 별로다!", "이건 정말 지루해.", "언제 끝나고 언제 밖으로 나갈 수 있을까?" 등을 생각하기 시작했을 것입니다. 당신은 이러한 것들을 자신에게 말하고 심리적인 경직성을 증가시키고 있습니다. 이 언어로 당신은 참여하지 않는 방향으로 행동의 범위를 제한하고 있습니다. 이러한 시나리오를 회피하기 위해 사람들을 참여하고 투자하도록 할 수 있도록 심리적 유연성을 올리려고 합니다. 우리는 그들이 이 "관점"이 무엇인지 알아보기에 개방적인 태도를 가지도록 돕고, 이는 그들이 스스로를 자신을 닫아버리는 것보다 훨씬 더 많은 행동이 나오도록 할 수 있는 프레임을 구성합니다.

분명하게 하기 위해 "안녕하세요, 나는 한 가지 관점으로부터 작업합니다. 이 관점을 보여줘도 괜찮을까요?"라고 말하는 것이 그렇게 잘될 것인지는 처음에는 분명하지 않습니다. 이러한 문장은 하늘에서 떨어져 나온 것이 아니었습니다. 호기심을 자극하고 허락을 구하는 맥락 변화의 힘은 시행착오 후 몇 년 동안 발견된 것입니다. 이것이 익숙하게 들린다면 그것이 RFT가 작동하는 것입니다. 우리가 방금 당신에게 말한 모든 것은 RFT의 원리가 그 안에 엮여 있다는 것이지만, 물론 당신이 그것에 대해 생각하는 데 도움이 되지 않습니다. 심지어 매트릭스를 효과적으로 사용하려면 이 모든 것에 대해 알 필요도 없습니다. 그러나 우리는 RFT에 대해 심층적으로 파고들고 중급 수준의 내용에 뛰어들고 있기 때문에 알아야 합니다. 이것은 RFT가 처리과정 속에서 어떻게 단단하게 엮여 있음을 보여주는 중요한 부분입니다.

당신에게 중요한 사람

먼저 준비된 ACT 관점과 함께 움직이는 것에 대해 승인을 얻은 후에, 우리는 지체 없이 매트릭스 도표를 보여주고 항상 오른쪽 아래에 '누가 중요한지'를 묻는 것부터 시작합니다. 이는 우리가 이 접근법에 따라 진행함으로써 관점의 맥락을 신속하게 전환한다는 것입니다.

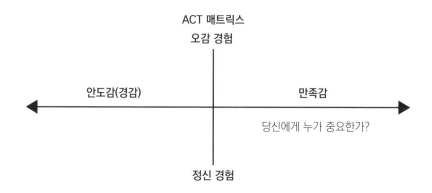

ACT 매트릭스
오감 경험

안도감(경감) ←————————|————————→ 만족감

당신에게 누가 중요한가?

정신 경험

　이것 또한 RFT를 사용하는 것입니다. 누군가가 **"당신에게 누가 중요한가요?"**라고 묻는다면 당신은 그 중요한 사람들에 대해 생각하기 시작할 것입니다. 당신은 그들을 머릿속에 그릴지도 모르고, 그들과 관련된 감정이 나타날 것입니다. 예컨대 사랑, 안전, 기쁨, 그리움 등이 찾아옵니다. 이러한 사람들과 연관된 오감과 정신적 자극이 이 질문에 의해 대응(매핑)됩니다. 이 자극은 당신이 실제로 신경 쓰지 않는 사람들과 관련된 자극보다 더 즐거우며 유연합니다. 이 질문은 유연성을 더 많이 추가하고 기분을 더 좋게 만듭니다.

　이 질문을 할 때 RFT에 내장된embedded 개념을 활용하여 유연한 프레임을 추가하는 것입니다. 그러나 그 기원은 더 깊이 있습니다. 이 질문은 기능적 맥락주의 자체를 사용합니다. 기능적 맥락주의는 언제나 당신의 행동이 특정한 맥락에서 어딘가로 이동하도록 작동되고 있음을 말합니다. 그것은 지정한 목표를 성취하는 것입니다. 인간은 사회적 동물이기 때문에 우리의 행동 중 가장 중요한 기능 중 하나는 우리가 소중히 여기는 사람들과 함께 만족감을 얻는 방향으로 우리를 움직이는 것입니다. 그 중요한 사람들과 관계를 맺는 것이 가장 중요합니다. ACT 용어로 표현하면, 가치value에 가까이 다가가는 움직임으로 설명할 수 있지만, 앞에서 언급한 대로 우리는 여러 기능적으로 효과적이지 않은 이유로 가치란 단어를 별로 선호하지 않습니다. 가치에 대한 말은 많은 문제를 일으키고 사람들을 가두어놓는다는 근거를 기반한 생각이 있습니다. 그럼에도 불구하고, 당신에게 '누가 중요한지' 묻는 것은 그들로 인해 사람들이 사색하기 시작합니다. 매트릭스 프로세스가 진행됨에 따라, 이러한 중요한 사람은 당신에게 목표가 됩니다. 사람들은 '그들을 신경 쓰고 소중히 여기는 사람들과 어떤 행동이 가깝게 만드는지'에 대해 생각하기 시작합니다.

이것을 보는 또 다른 방법은 누가 중요한지 묻는 것이 당신의 행동이 어느 방향으로 데려갈지를 설정한다는 데 도움이 된다는 것입니다. 즉, 당신의 중요한 사람을 의미합니다. 이것만으로는 충분하지 않습니다. 결론적으로 아직 우리가 다루지 않은 매트릭스의 3/4이 남아 있습니다. 바로 이 과정의 토론을 촉진하여 나른 세 개의 사분면에 대해 생각할 때 중요한 사람들이 포함되어 있어 행동의 기능에 영향을 미치게 합니다. 그래서 기본적으로 중요한 사람이 누구인지 묻는 것은 두 가지를 수행합니다. ① 사람들이 행동의 기능에 대해 생각하게 하고, ② 행복감을 느끼고, 결국 유연하게 만듭니다.

물론, 매트릭스를 작업할 때, 당연히 사람들이 말하는 모든 것을 기록하려고 합니다. 당신이 다른 사람에게 제시한다면, 중요한 사람에 대해 이야기하도록 하여 (필요하면 당신의 예시를 제공) 내용을 얻으려고 하며, 그들 스스로 반응한 응답을 기록하려고 합니다(아이, 배우자, 애완동물, 학생, 내담자 등). 우리는 이것을 수천 번 반복해 보면서 얼마나 효과적인지를 알게 되었고, 얼마나 재미있을 수 있는지도 알게 되었습니다!

당신에게 불쾌한 것

그러나, 당신이 작업 중인 사람 누구에나 대한 전체 그림을 얻고 싶기 때문에, 결국 언젠가는 "누가 중요한가"라는 즐거움에서 전환 pivot하여 모든 불쾌한 것이 들어가는 왼쪽 아래 사분면으로 이동하게 될 것입니다.

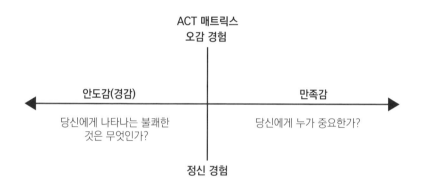

중요한 사람을 가지고 있는 것처럼, 불쾌한 것이 나타나는 것도 인간 경험의 일부입니다. 우리가 좋아하는 일 중 하나는 불쾌한 것의 예시를 들어주는 것입니다. 왜냐하면 "불쾌한 것yucky stuff"이라는 말은 종종 "누가 당신에게 중요한가요?"를 묻는 것만큼 자극 기능 변형을 잘 수행하지 않기 때문입니다. 우리가 찾은 최고의 예는 두려움입니다. 이것은 사람들에게 내면에 나타나는 불쾌한 감정과 사고에 대해 생각하기 시작하도록, 사전 준비하게primes 합니다. 따라서 이전에 무슨 얘기를 하는지 정확하게 몰랐더라도 이제는 알고 있습니다.

사람들이 불쾌한 일에 관해 이야기하면 자극 기능의 변화가 시작됩니다. 그들은 자기 안에 분노가 나타나고 분노를 느끼기 시작할 수 있습니다.

그들은 슬픔을 언급하고 슬픔을 느낄 수도 있습니다. 이 시점에서 이런 것들에 대해 사람들에게 이야기하는 이유에 대해 궁금할 수 있습니다. 이 끈적끈적하고 불쾌한 것이 심리적 유연성을 없애지 않을까요? 우리가 추구하는 것과 정확히 반대되는 것이 아닌가요? 일반적으로는 그렇습니다. 그러나 매트릭스를 사용할 때는 불쾌한 부분을 들어가기 전에 먼저 심리적 유연성을 확립합니다. 왼쪽 아래 사분면으로 이동하기 전에 우리는 이미 유연한 프레임을 추가하여 맥락을 유연성으로 이동시켰습니다. 따라서 모든 매트릭스를 시행하는 사람이 그들의 불쾌한 것을 주목하는 맥락이 유연성이 됩니다. 그 당시 그 모든 것에 끈적한 것에 갇히게 되어 종일 침대에 누워 회복될 것 같지 않다고 절망스럽게 확신하고 있는 것보다 그것을 도표에 올려두고 멀리서 살펴보는 것입니다. 물론 그 불쾌한 것은 사람들의 일부이지만, 이제 불쾌한 것들은 바깥에서 관찰할 수 있는 사람들의 일부입니다. 그 관점에서, 그 불쾌한 경험에 갇히지 않고도 불쾌한 경험이 일어나는 것을 알아차릴 수 있습니다.

다음 사분면으로 넘어가기 전에, RFT 프레임 작업에서 언어가 행동으로 간주된다는 것을 기억하는 것이 유용합니다. 정신론적인 아이디어는 언어를 인간에게 고유한 무언가로 간주하며 뇌의 어떤 부분에서 "언어 습득language acquisition" 스위치가 눌러지면 활성화된다고 생각하지만, RFT는 세상에 있으면서 학습하고 습득하는 것으로 간주합니다.

이제 매트릭스 도표의 하단에서 행동이 가는 방향, 상단으로 이동할 것입니다. 행동으로서 언어가 어떻게 영향을 받고 실제 물리적 경험과 상호작용하는지를 살펴볼 것입니다.

안도감 움직임

상단 왼쪽 사분면으로 이동할 때, 우리는 단순히 한 사분면에서 다른 사분면으로 전환하는 것이 아닙니다. 우리는 마음에서 나타나는 것을 세상 밖으로 나타나는 행동과 매끄럽게 연결하는 방법, 특별한 전환 기술이 있습니다. 그리고 비록 크게 보이지는 않을 수 있지만 실제로 중요합니다. 사실 단순하고 매우 중요합니다. 시각적으로 왼쪽 하단의 블쾌한 것들에서 왼쪽 상단의 불쾌한 것을 벗어나기 위해 하는 행동(경감 행동; 안도감 행동)과 연결하여 화살표를 그립니다.

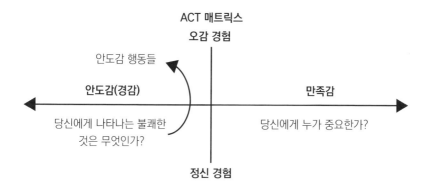

지금쯤이면 회의적인 생각과 태도가 나타날 수 있다는 것을 우리는 잘 이해하고 있습니다. 화살이 큰 영향을 미칠 수 없을 것 같다고 생각할 수도 있습니다, 맞나요? 그러나 우리의 목적에 있어서는 중요합니다! 이것은 감정적인 불쾌감과 이 불쾌감에서 해방감을 얻기 위해 수행하는 행동을 시각적으로 연결합니다. 이 연결을 통해 알아차림을 돕고자 합니다. 이 연결이 왜 이 처리과정에 중요한지 알아보기 위해 두려움의 예를 살펴보겠습니다. 모든 동물과 마찬가지로 인간은 생존을 위해 동기 부여됩니다. 우리는 내부에서 나타나는 두려움에 민감하게 반응하고 이러한 두려움을 줄이는 행동을 학습함으로써 생존 방향으로 나아갑니다. 예컨대, 우리와 가장 먼 조상들을 살펴보면 됩니다. 초기 인간이 음식을 찾아다니면서 독성이 있는 길거리 음식을 섭취할까 두려워했다면, 독성이 있는 음식과 그렇지 않은 음식을 구별하는 법, 인식하는 법을 배우고 전수했을 것입니다. 사냥 중에 사자나 다른 포식 동물이 다가올 때 나무에 올라가는 것이 피할 수 있는 좋은 방법이라는 것을 배웠을 것입니다. 이렇게 하면 생존을 위한 효과적인 행동을 발견할 것입니다. 그리고 효과적이지 않은 행동에 대해서는 어떨까요? 그것을 하면 더 이상 살아남지 못할 뿐만 아니라 더 이상 배울 수도 없을 것입니다. 모든 이야기는 우리가 살아남기 위해 효과적인 행동을 찾는 방법에 관한 것입니다. 그리고 그 행동이 효과적이지 않으면 더 이상 배울 수 없습니다.

이 모든 것은 불쾌한 것에서 벗어나는 것에 능숙해지는 것이 인간의 필수적인 부분임을 나타냅니다. 거리를 건너갈 때 차량이 달려오면 급히 피하는 경우, 우리는 우리의 초기 선조들이 생존을 위해 사냥하고 음식을 찾을 때 했던 것과 정확히 똑같은 행동을 하고 있습니다. 이 상황에서 우리에게 두려움이 나타나면 살아남기 위해 피하는 행동으로 두려움을 느끼는 것입니다. 매트릭스에서는 이를 "두려움"에서 하단 왼쪽에서 "달리기"로 매우 중요한 화살표를 그리는 것으로 나타낼 것입니다.

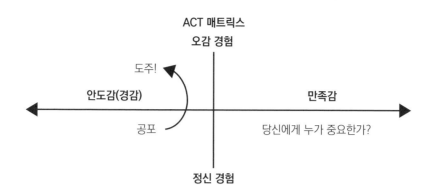

두려움에서 도망치는 행동으로 가는 것은 간단한 예시입니다. 이를 사용하여 사람들이 자신의 안도감에게 다가가는 움직임에 관해 이야기하도록 유도할 수 있습니다. 그렇게 하면 그들이 특정한 상황에서 특정한 행동을 하는 것이 의도적으로 연습하는 것이 아니라는 생각에 점차 익숙해질 것입니다. 앞에서 우리는 계획적이고 의도적인 연습(마음속 구체적인 목표를 가지고 연습)의 개념을 간략히 언급했는데, 이는 분명히 그것과는 다릅니다. 고속으로 다가오는 자동차를 피하려고 할 때 "오, 이 자동차가 다가오고 두려움이 나타나니까 안전을 위해 회피해야겠다."라고 생각하는 것이 아닙니다. 그 모든 것을 일어난 후에 알아차릴 수 있지만 감정을 규제하고 위협을 감지하는 뇌 부분인 편도체amygdala는 반응하는 데 너무 바쁜 반응을 보이기 때문에 그 순간에는 위기 상황 속에서 정신적 경험에 주의를 기울일 시간적 여유 공간이 없습니다.

그러나 생사가 걸린 상황이 초기 인류 조상의 맥락에 비해 지금은 그렇게 흔하게 나타나지 않습니다. 요즘에는 대부분의 불쾌한 것이 극단적이지 않은 시나리오에서 나타납니다. 큰 프로젝트를 처리해야 할 수도 있고 또는 상대적으로 상호 작용하고 싶지 않은 상황에서 대화를 나누는 장면일 수 있습니다. 이러한 상황에서는 편도체가 과도하게 활동적이지 않으며 불쾌한 것이 나타날 때 감정이나 생각 등 경험에 주목하고 어떤 것을 하여 안도감을 얻는지 알아차림할 시간이 충분히 있습니다. 여기에서 사람들은 정말로 자신이 무슨 감정에 반응하여 어떤 행동을 하는지에 대한 감을 제대로 잡기 시작할 것입니다.

만족감 움직임과 자기의 파생

사람들이 안도감 행동을 주의 깊게 관찰할 충분한 시간이 흘렀다면, 우리는 상측 오른쪽 사분면으로 이동할 수 있습니다. 거기서 만족감 움직임이 이루어집니다. 매트릭스의 좌측 부분처럼, 여기에서도 정신적 경험을 오감 경험에 언결하는 화살표를 사용할 수 있습니다.

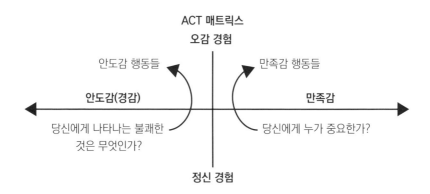

우리는 만족감을 얻기 위해 많은 일을 합니다. 그 행동 중에 몇 가지는 너무 흔해 우리가 당연시하기도 합니다. 음식 먹기가 예가 될 수 있습니다. 그러나 우리가 사람들과 함께 작업할 때, 우리는 사람들이 정말 만족스러워하는 것에 중점을 둡니다. 큰 과제를 완수하거나 축구나 하키 대회에서 우승하고 골을 넣는 것처럼, 우리는 모두 그런 경험을 해봤습니다. 어떤 의미 있는 일을 성취하고, 성공적이며 자기 만족감을 느낀 경험이 있죠. 그리고 종종 우리는 지난 과거에 우리에게 가장 많은 만족감을 준 행동을 반복하려고 노력할 것입니다. 물론 만족감 행동에는 이 외에도 많은 것이 있지만, 지금은 이것을 기억하는 것이 중요합니다.

아직 매트릭스 도표상에 나타내지 않았지만, 당신은 각 사분면을 거쳐 지날 때마다 각각의 생각과 행동을 관찰하고 알아차리고 있습니다. 그 모든 단계를 거치면 "알아차리기" 또는 "나를 알아차리기"라고 쓰인 원을 중앙에 놓아 나타낼 수 있습니다.

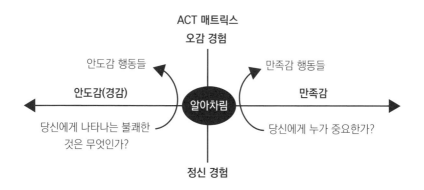

이것은 당신에게 이 책의 초반에 보여준 완전한 매트릭스와 비슷할 것입니다. 이는 조망 수용하는 자기관찰자로서 자기/perspective taking self 로서 당신에게 나타내며, 이것은 중급 RFT의 맨 윗단으로 올라가고 있습니다. 구체적으로 당신은 이전에 관찰자로서의 자기로서 언급한 것처럼 외부 조망하는 이면적인 관점을 취하고 있습니다. 이것은 당신이 아주 어린 나이에 처음으로 "나"가 여기 있고 부모님은 어딘가에 있다는 것을 깨닫게 된 순간입니다. 우리는 이것을 "나 여기, 당신 거기" 프레임이라고 부르며, 이것은 당신이 만든 최초로 관계를 구성하는 프레임입니다. 이 순간은 어떤 의미에서 "당신"을 창조하는 것이지만, 다른 모든 행동과 마찬가지로 이 인식(재인)도 사실 학습한 것입니다. 이것은 우리가 태어나서 세상에 나오자마자 깨닫는 것이 아니라 시간, 자극 노출 및 심신의 성장이 필요한 것이었습니다. 다시 말해, 이것은 학습된 행동입니다. 즉, 당신이라는 존재는 학습된 행동임을 의미합니다. 당신은 스스로 존재로서 유도되는 과정을 경험했습니다.

지금 마음은 어떠세요? 이미 당신의 마음은 차고 넘쳤을까요?

우리 개인적으로는 이 과정이 정말 멋지다고 생각합니다. 사기 자신을 실존적 존재existence로 학습했다는 아이디어는 정말 흥미롭습니다! 이것은 우리가 만들어 낸 어떤 미친 아이디어가 아니라 관계구성틀 이론(RFT)이 자기self를 보는 방식입니다. RFT에 관심이 많은 사람들은 자기self에 대해 조망 수용perspective taking[18], 즉 관점 취하기로서 여기며 그것에 대해 관심이 많고 하고 싶은 말들이 많습니다. 실제로 그것에 대한 내용이 전체 주제로 된 책이 있을 정도입니다. 그 책의 제목은 『자기와 조망 수용The Self and Perspective Taking』이며, 저자는 루이스 맥휴Louise McHugh입니다.

---

18 조망 수용 perspective taking: 자기 자신의 관점과 타인의 관점을 별개의 것으로 구분하여 타인의 생각, 감정, 지식 등을 그 사람의 관점에서 이해하는 능력을 의미한다(역자 주, 출처: 한국심리학회)

사람들은 관점 취하는 자로, 적어도 자기감을 처음으로 개발하는 순간부터 조망 수용하는 사람이 됩니다. 즉, "나는 나다."라는 개념입니다. 거기서 시작해서 언어의 힘으로 다양한 프레임과 관점을 개발하는 법을 배웁니다. "나는 여기, 당신은 거기" 같은 것을 알아차릴 수 있으며, 더 나아가 "나는 여기에 있고, 당신은 거기에 있었다!" 또는 "나는 여기에 있고, 당신은 미래에 거기에 있을 것이다!" 같은 것까지 알아차릴 수 있습니다. 마지막 것은 아직 일어나지 않았기 때문에 특히 인상적입니다. 그러나 우리가 아는 대로 그것은 언어와 자극 기능의 변환 작용입니다. 이러한 것들은 당신이 세계에 물리적으로 존재하지 않는 것에 대해 생각하고 이야기할 수 있게 해줍니다. 이러한 종류의 프레임은 실제로 어떤 것을 가리킨다는 것과 관련된 지시적 프레임deictic frames이라는 용어로 부릅니다.

지시적 프레임

지시적 프레임은 표시deictic하는 역할로 연설자 또는 관찰하는 사람의 조망에 의존하는 일종의 관계적 반응 유형입니다. 매트릭스는 이미 어떤 형태로든 시연한 세 가지 가장 중요한 프레임에 도움을 줍니다. 첫 번째이자 가장 간단한 프레임은 "나와 당신" 또는 **개인적인 관점**입니다. "나는 나다, 당신은 당신이다."라는 것입니다. 이것은 자신의 자아를 인식하고 다른 개인과 구별된 개인임을 깨닫게 될 때 취하는 관점입니다. 두 번째는 "여기와 거기" 일명 **장소 관점**입니다. 이 관점은 공간적 맥락에서 자기를 깨닫거나 다른 말로 하면 "나는 여기에 있어.", "당신은 거기에 있다."라는 것을 알아차릴 때 취합니다. 마지막으로 세 번째이자 가장 복잡한 프레임은 **시간 관점**입니다. "지금과 그때" 프레임입니다. 이것은 장소의 일부로 간주가 될 수 있으며, 자기를 시간적으로 알아차리는 것은 공간에서 자기 자신을 알아차리는 것입니다. 이 관점을 통해 당신과 다른 사람이 어디에 있었고 어디에 있을지를 알아차릴 수 있습니다. 예컨대 "나는 지금 집에서 이 책을 읽고 있다."라고 생각한다면 당신은 시간적인 관점을 취하고 있습니다. 좀 더 기술적으로 표현하면 시간적 지시적 구성하기framing에 참여하고 있습니다.

그러나 어떤 종류의 관점을 취하더라도 당신이 마음챙김으로 알아차림하고 있다는 것입니다. 당신이 개인적인 관점을 취함으로써 자신을 존재시킨 것부터 이미 알아차리는 능력을 가지고 있었습니다. 자기를 이해하기에 충분한 언어를 갖게 되면 개발된 관찰자 자기의 관점을 취할 수 있습니다(저자는 "자기화 단어"라는 용어 사용을 선호함). 우리가 예선에 사용했던 말로 표현하자면, 보통 우리는 작가가 아니라 우리 자신의 이야기에서 주인공입니다. 그러나 더 많은 유연한 프레임을 추가하기 위해서는 관찰자 자기의 관점을 취하고 주변에서 무슨 일이 일어나고 있는지 주의를 기울여야 합니다.

관점의 힘

우리가 사람들에게 매트릭스를 보여주면 쉽게 알아차림notice하도록 말들 수 있지만, 우리가 그들과 함께 작업하지 않을 때는 쉽게 중단할 수 있습니다. 심리적 유연성을 유지하기 위해서는 우리가 없어도 그들이 계속해서 알아차림할 수 있어야 합니다. 이렇기 때문에 네 개의 사분면을 모두 거쳐 간 후에 우리는 당신이 이 모든 것을 다음 주까지 주위에 많은 경험들을 관찰할 수 있는 기회를 가져보면 어떤가 제안하는 것을 좋아합니다. 즉, 그들에게 중요한 사람, 불쾌한 것들, 그들의 위안감 행동, 만족감 증진 행동에 대해 알아차릴 기회 말입니다. 매트릭스 중앙에 있는 원은 이것을 나타내는 데 사용됩니다.

이 질문을 할 때, 우리는 의도적으로 응용한 RFT에 있으며 자기 the self라고 불리는 유도되고 파생된 관계 반응을 적용하고 있습니다. 구체적으로는 관찰자로서 자기를 호출하고 사람들에게 그 외부적 시각에서 바라보는 관점을 취하고 자기 내부와 외부에서 무슨 일이 일어나고 있는지 알아차림할 수 있는지 묻고 있습니다. 이것은 심리학적으로 균형 잡힌 슬로 모션처럼, 아주 느린 움직임입니다. 사람들이 무언가에 주의를 기울이기 시작하면 의도적으로 느리게 움직이고 이것들을 자세히 살펴보는 경향이 있습니다. [메타포]「영화 이야기: 슬로우 모션」비유를 계속 사용하면, 그들은 영화에서 슬로 모션을 사용하는 방식을 흉내 내고 있습니다. 그들은 자신이 관객과 마찬가지로 정확히 무슨 일이 벌어지고 있는지 볼 수 있도록 만들고 있습니다.

ACT 매트릭스 프로세스 전체의 목적은 사람들이 자신의 머릿속에 있는 것과 세상에 있는 것을 천천히 관찰하도록 유도하는 것입니다. 이것은 그들에게 정신 경험과 오감 경험 사이의 차이를 알아차림하도록 준비하며, 그 행동을 할 때 만족감 또는 안도감이 나타나는지 여부도 관찰합니다. 마음과 감각 사이 그리고 만족과 안도감 간의 차이를 알아차리면 지속적으로 심리적 유연성이 증가합니다. 그리고 우리가 사람들을 유연하게flexed 만드는 한, 우리는 만족하게 됩니다! 우리는 사람들이 특정한 방식으로 생각하거나 행동하도록 애쓰지 않습니다. 우리의 목표는 심리적 유연성과 알아차림을 증가시키는 것뿐입니다. 물론 이것은 언어와 행동에 대한 의도적인 연습을 할 수 있는 기회를 제공하는 추가 혜택이 있습니다. 그들이 자기 말, 생각, 행동에 주의를 기울이고 알아차림할수록 더 많은 유연한 프레임과 다양한 행동을 삶에 추가할 수 있습니다. **우리가 이미 알고 있듯이, 계획적이고 의도적 연습은 개선하는 유일한 방법입니다.**

요약하면, 매트릭스는 본질적으로 ACT와 같은 목표를 가지고 있으며, RFT 및 기능적 맥락주의의 원리를 활용합니다. ACT 양식과 차이는 ACT 매트릭스가 간단하고 우아한 표시방식이라는 점입니다. ACT가 학문적으로 방대하고 무겁고 복잡한 그릇이기 때문에 케빈이 매트릭스를 만들 때 목표는 간단함simplicity이었습니다. 그는 복잡한 이론을 가져와 사람들이 이해하기 훨씬 쉽게 만들려고 시도했습니다.

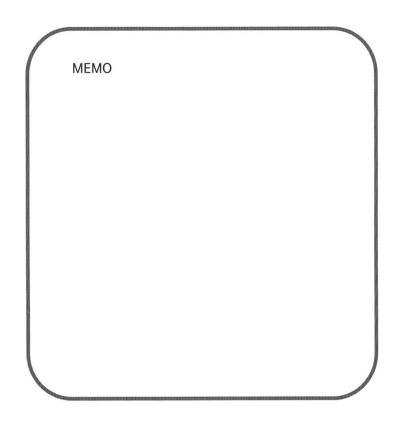

MEMO

9 고급 RFT: Cfunc & Crel

당신은 RFT의 기본 구성 요소를 알고 있습니다. ACT 매트릭스에 RFT 원리와 개념이 어떻게 내포되어 있는지, 그리고 우리가 사람들에게 우리의 안경 렌즈, 즉 관점을 보여주는 과정을 알고 있습니다. RFT의 응용 버전인 ACT 매트릭스가 어떻게 보이는지 알고 있습니다. 우리가 더 배워야 할 것이 있을까요? 당신이 이런 생각이 떠오른다면 충분히 이해합니다. 그러나 실제로는 RFT의 토끼굴이 더 깊기에 9장에 준비된 심화 과정으로 들어가 보겠습니다.

이제 여러분은 매트릭스가 어떻게 생겼는지 매우 잘 알고 있습니다. 두 개의 교차 선, 왼쪽에는 안도감, 오른쪽에는 만족감, 중간에는 알아차림 주의, 그리고 위쪽은 다섯 가지 감각, 아래쪽은 정신적 경험입니다. 그러나 매트릭스 자체에도 RFT 개념을 포함할 수 있습니다. 이 장에서는 매트릭스 상단에 RFT 개념을 포함하는 방법을 살펴보겠습니다. 매트릭스 상단에서 시작하여 모든 오감 경험이 들어가는 곳을 보겠습니다. "감각들senses"이라고 적힌 곳 아래에 대문자 C와 소문자 r-e-l이라는 네 글자를 씁니다. 이 "Crel(크릴)"[19]은 무엇을 의미할까요? 이에 대해서는 더 자세히 살펴보겠지만, 현재로서는 세상의 맥락을 나타내며 다시 말해 거기에서 일어나는 모든 일을 나타냅니다.

그런 다음 매트릭스의 아래 부분을 살펴보겠습니다. 여기에는 모든 정신적 경험이 포함됩니다. 하단의 두 사분면에서 다섯 글자를 추

---

19 맥락(Context)의 C와 관계 구성(relation)의 rel의 앞자를 따서 기억하고 유추하기 좋게 신조어를 만들었다. 맥락과 관계된 드러난 행동의 약자로 '맥관'이라고 하는 것과 같다 (역자 주).

가합니다: 대문자 C, 소문자 f-u-n-c. 우리가 "Cfunc(씨펑크)"[20]라고 부르는 이것은 매트릭스 상단의 오감 자극에 대한 반응으로 형성되는 프레임을 나타냅니다. 이것들은 세상에서 경험한 결과로 형성된 프레임이지만 당신의 마음에 있습니다. 이것은 중요한 차이점입니다.

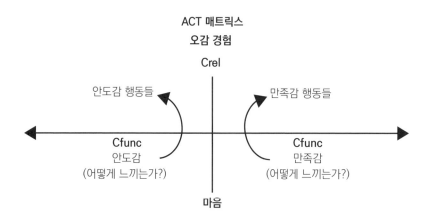

이제까지 매트릭스가 사람들이 오감으로 경험하는 것과 마음으로 경험하는 것 사이의 차이를 알아내는 데 도움을 주도록 설계되었다는 것을 알고 있습니다. 이를 더 RFT적인 방식으로 생각하는 다른 방법은 이것이 사람들이 Crel과 Cfunc 간의 차이를 알아차리는 데 도움이 된다는 것입니다. 즉, **세상의 맥락과 그 맥락 내에서 생성된 정신적 프레임 간의 차이를 알아차리도록 돕습니다.**

또한 안도감과 만족감은 일반적으로 수평선 위에 쓰여 있지만 맥락의 기능에 해당하는 맥기 Cfunc이며 맥관 Crel이 아닙니다. 이

---

20 맥락(Context)의 C와 기능(function)의 앞자 func를 따서 기억하고 유추하기 좋게 신조어를 만들었다. 맥락 속에서 나타나는 기능이라는 의미의 약자로 '맥기'라고 부르는 것과 같다(역자 주).

들은 이미 도표로 학습한 당신의 머릿속에서 나타나는 기능입니다. 부적 및 정적 강화 간의 차이를 알아내는 것도 매트릭스를 생성한 실험의 일부이지만 Crel과 Cfunc에 대해 이야기할 때는 수평선이 덜 중요합니다. 왜냐하면 만족감과 안도감은 직선상에 동일 위상에 있기 때문입니다. RFT 구성 프레임 작업과 더욱 일치시키려면 매트릭스를 수평선 아래에 쓸 수 있습니다. 이렇게 할 필요는 없으며 솔직히 이것에 대해 너무 많은 생각을 하는 것은 도표를 실제로 사용하는 것을 방해할 수 있습니다. 그러나 엄정하게 RFT를 따르려면 이렇게 수행할 수 있습니다.

관계구성 망

관계구성 망relational network, 관계 네트워트를 추가하는 것이 유연한 프레임을 만드는 게임의 핵심입니다. 이것은 학문으로서의 ACT의 역할입니다. 언어와 관계는 엄밀히 따지면 끊어낼 수 없습니다. 언어와 관계는 한 번 소개되면 마음에서 그냥 제거할 수 없기 때문입니다. 그러나 당신은 감정의 유착 상태stuckness에 유연성을 추가할 수 있습니다. 이것은 관계구성 망을 가져오는 단어를 사용하여 수행됩니다. 가장 명확한 예시는 '누가 중요한가' 부분에 관해 이야기할 때 사람들에게 그들의 사랑하는 사람들을 생각하도록 만들지만 실제로는 매트릭스로 하는 모든 것이 사람들에게 그들의 관계에 대해 생각하게 만듭니다. 물론 관계구성 망은 마음 안에 있습니다. 그들은 **Cfunc** 범주에 속하며 세상에서 나타난 것에 대한 반응으로 추가되는 프레임입니다.

관계구성 네트워크의 기능은 많지만 문제는 나이가 들면서 언어를 더 많이 습득할수록 더 많은 네트워크를 만든다는 것에 있습니다. 우리와 같은 나이가 되면 **셀 수 없이** 많은 관계구성 네트워크를 개발하게 되고 그 모든 것을 살펴내는 것은 일이 될 수 있습니다. 이것이 케빈이 매트릭스를 매우 간단한 언어로 설계한 이유 중 일부입니다. 간단할수록 관계 네트워크를 훑어가야 하는 양이 줄어듭니다.

또한 관계구성 네트워크도 잠시도 끌 수 없는 것입니다. 이것이 무엇을 의미하냐면 사람들은 의도와 상관없이 자동으로 관계구성 망을 형성할 것이며 그들이 노력하더라도 그것을 멈출 수 없다는 것입니다. Crel 및 Cfunc에서도 마찬가지입니다. 그들은 마음속과 세상에 항상 존재합니다. 물건은 항상 당신의 마음속과 세상 밖에서 모두 나타나고, 그것을 멈출 수는 없습니다. 그러나 할 수 있는 것은 주목하고 알아차림하는 것입니다. 우리가 매트릭스를 사용하는 것처럼 프레임을 사용하여 Crel과 Cfunc을 주목할 수 있으며 이미 구축한 관계구성 네트워크와 사람들이 어떻게 관계를 맺고 이해하는지 알아차림할 수 있습니다.

실제로, 새로운 관계구성 네트워크를 생성하거나 기존의 것을 변경하거나 오래된 네트워크를 강화하는 것을 실시간으로 알아차림할 수는 없습니다. 그런 메타인지 능력은 인간을 초월합니다. 우리는 쉽게 충분하게 자각하지 못합니다. 케빈의 연구와 측정을 통해 의식적인 인간 자각력이 관계구성 망의 생성과 적응 뒤에 40밀리초 milliseconds 지연 반응한다는 사실을 발견했습니다. 이것은 물론 긴 시간이 아닙니다. 눈꺼풀 한 번 깜빡이는 시간보다 빠릅니다. 그러나 관계구성 망 형성과 의식적으로 알아차림하는 정신적 경험 사이에는 지연 시간이 존재한다는 것은 여전한 사실입니다. 실시간으로 네트워크를 알아차림할 수 없더라도 스스로가 알아차림하는 것을 상상할 수 있습니다. Crel과 Cfunc이 관계구성 망에 어떻게 영향을 미치는지 고려할 수 있거나 다르게 말하면 마음의 기능과 오감의 경험이 어떻게 관계 형성에 영향을 주는지를 고려할 수 있습니다. 이것이 무엇을 의미하는지 잘 모르겠다면 **상호적 함의**를 다시 생각해 보고 물리적 및 정신적인 것들이 단어와 관련되는 방법 및 그 이상으로 나아가는 방법을 생각해 보세요. 오감과 정신적 경험은 단지 사물과 관련되는 것이 아니라 그것 자체로 관계 형성의 기초가 됩니다. 당신에게 그 경험이 없다면 어떤 관계구성 망도 형성할 수 없을 것이라고 말할 수 있습니다!

매트릭스는 그러한 관계구성 망을 시각적으로 나타내어 우리의 생각과 행동을 보여줍니다. 따라서 Crel과 Cfunc를 나타내는 데 도표를 사용하는 것은 꽤 유용할 수 있습니다. 물론 사람들과 함께 작업할 때는 이렇게 할 수 없습니다. 그것은 정보 과부하가 될 것입니다. 그럼에도 Crel과 Cfunc[21]는 더 복잡한 개념을 설명하는 데 사용될 수 있으며 ACT 매트릭스를 RFT 매트릭스 또는 기능적 맥락주의 매트릭스로 변환시킬 수 있습니다.

Cfunc 자세히 살펴보기

기능적 맥락주의에 대해 자세히 말해보겠습니다. "Cfunc"와 "Crel"의 "C" 부분이 실제로 무엇을 의미하는지에 대한 중요한 단서를 제공합니다. 이미 이해했을 수도 있지만 그렇지 않다면 "C"는 기

---

[21] Crel과 Cfunc: 크릴과 씨펑크는 케빈이 설명을 쉽게 하기 위해 만든 신조어이다. C는 공통으로 맥락주의 Contextualism를 의미한다. func는 기능의 function의 임의 약자이다. Cfunc는 실제로는 외적 및 내적 행동의 맥락에서 당신 내적인 기능을 나타낸다.

능적 맥락주의의 맥락 부분을 나타냅니다. 기능적 맥락주의는 또한 "func"는 의미를 제공합니다. 이는 function의 줄임말이며, 따라서 Cfunc는 실제로는 외부 및 내부 행동의 맥락에서 당신 내부의 기능을 나타냅니다. 이 내부 기능을 맥락에서 살펴보면 해당 행동이 당신을 원하는 목표에 도달하는 데 효과적인지에 대해 스스로에게 물어볼 수 있습니다.

이러한 기능적 맥락주의 관점에서 매트릭스를 살펴보면 그 다음에 관계구성틀 이론(RFT)으로 이동할 수 있습니다. RFT의 창시자들은 어떻게 기능적 맥락주의가 언어와 인식cognition을 보는 방식이 인간 상태에 도움이 될 수 있는지를 조사하는 데 특히 관심이 있었습니다. RFT의 창시자들은 끈적끈적한 언어가 어떻게 사람들을 자살로 몰아넣을 수 있는지, 그리고 그것에 대해 무엇을 할 수 있는지를 조사하는 데 특히 관심이 있었다는 것을 기억하세요. 그들은 궁극적으로 우리가 알고 있는 것처럼, 유연한 프레임이 추가된 유착상태나 경직성을 없애지는 못하더라도 완화하도록 도울 수 있는 방법을 찾았습니다. 이러한 프레임의 추가는 사람들이 관계적인 반응을 유도하고 자신의 가능한 행동의 범위에 알아차릴 가능성을 훨씬 더 높여줍니다.

그러나 기술적 전문용어와 고급 RFT 및 기능적 맥락주의 개념으로 공격당하면 관계 반응을 도출하고 심리적 유연성을 높이기가 어려울 수 있습니다. 다시 말해 여기서 중요한 것은 간단함simplicity입니다. 심리적 유연성을 높이기 위해 간단한 언어를 사용하면 사람들은 자신의 마음과 세계에서 무슨 일이 일어나고 어떻게 하면 만족감이나 안도감을 얻을 수 있는지 더 잘 이해할 수 있습니다. 그리고 이러한 것에 대한 탄탄한 이해가 있으면 자신의 삶에서 그것을 활용할 수 있습니다. **그것이 바로 매트릭스의 목적입니다! 그러나 그들이 전문가에게**

만 의미가 있는 전문용어를 살펴보려고 한다면, 심리적 유연성을 차단하고, 그들은 이해하지 못한다는 사실에 갇힐 것입니다.

다른 관점으로 생각해보면 대부분의 사람들은 전문용어를 이해하는 데 필요한 Cfunc를 갖추지 못했습니다. 그 개념을 연구하거나 학교에서 공부하는 것이 아니라면 그 용어에 익숙해질 정도로 충분히 노출되지 않아 용어에 의미를 부여할 수 있는 관계망을 형성할 수 없습니다. 모든 단어를 학습하는 과정과 마찬가지로 이 용어들과 관련된 의미가 형성되려면 그 용어들을 많이 경험해야 합니다. 당신이 이 책을 읽고 여기까지 왔다면 이러한 노출을 원하는 것일 가능성이 매우 높습니다. 그러나 대부분의 사람들이 Crel, Cfunc, 파생된 관계적 반응, 상호적 함의 등과 같은 용어를 들으면 그들에게 나타나는 유일한 기능은 정신의 혼란confusion입니다.

다시 말해, Crel과 Cfunc 개념은 대부분의 사람들과 공유하기 위한 것이 아닙니다. 케빈이 발견한 바는 전문용어를 자제하고 모든 사람이 관계구성 망과 연결된 가능하면 간단한 언어를 사용하는 것이 훨씬 나은 결과를 가져온다는 것입니다. 그럼으로써 맥락 속에서 즉시 그 관계구성 망을 떠올리게 하는 기능이 나타나고, 심리적 유연성을 위해 훨씬 더 효과적으로 작동합니다.

경험 속으로 끌어들이기

간단한 언어가 효과적으로 사람들을 경험 속으로 끌어들이는 데 뛰어납니다. 이것이 우리가 매트릭스를 소개할 때 시작하는 방법입니다. 사람들에게 우리가 특정 관점에서 작업을 한다고 말하고 그것을 공유할 수 있는지 묻습니다. 이미 그 간단한 질문 아래에서 무슨 일이 일어나고 있는지에 대해 다루었지만 다른 시각, 다른 렌즈를 통해서 살펴보겠습니다.

물론 사용하는 표현과 목소리의 어조, 두 가지 모두 중요하며 두 가지 모두 Crel(오감으로 관찰되는 행동)입니다. 이것들은 세상 삶에서 이뤄지는 행동들입니다. 그러나 질문이 이루고 있는 것, 즉 허락을 구하는 것은 맥락 안에 기능 Cfunc입니다. 이것은 행동의 기능이며 물리적 세계가 아닌 마음에 나타나는 것입니다. 이것은 호기심을 자극하고 존경을 전하며, 앞서 말한대로 사람들을 처리과정에 끌어들입니다. 이것은 사람들에게 허락을 구하고 그 경험과 관련된 관계구성 망을 불러일으키기 때문에 거의 항상 긍정적으로 작용하여 사람들이 긍정적인 대답을 하게 만듭니다.

그러나 사람들을 경험 속으로 가장 잘 끌어들이는 예는 누가 중요한지 묻는 것입니다. 모든 사람은 중요한 사람이 있으며, 그 사람에 대해 생각할 때 다양한 경험을 합니다. 이 경험은 행복한 경험이 될 것이지만, 그렇지 않아도 됩니다. 예컨대, 전 남자 친구가 중요하다면 그에 대해 생각하는 것이 이별 때문에 불쾌한 경험이 될 수 있습니다. 어떤 형태를 취하든 우리가 중요한 사람들과의 경험에 대해 생각할 때 우리 자신이 다양한 경험을 합니다. 이 경험은 누가 중요한가와 관련된 관계망의 자극입니다. 단순한 용어로 다시 말하자면 이것은 우리의 생각과 감정의 생산물입니다.

[연습] 매트릭스 경험을 유도하는 또 다른 방법으로 펜 연습을 활용할 수 있습니다. 이것은 매트릭스 고전 중의 하나입니다. 모두에게 펜을 가져와서 오감각으로 펜을 주의 깊게 관찰하게 합니다. 다음, 펜을 치우고 제자리에 두고 마음(생각)으로만 마음을 통해 경험하도록 요청합니다(눈을 감을 수 있음). 이것이 매트릭스의 상단과 하단입니다. 여기서는 매우 간단한 말과 아주 간단한 물건으로 사람들에게 말

그대로 다섯 감각을 경험하도록 요청하고 있습니다.

이것은 감각과 마음의 경험 사이의 차이를 알아차리도록 돕는 변별 과제discrimination task입니다. 이것은 ACT 매트릭스 실험의 핵심에 있으며 동일 변별 작업을 변형한 것입니다. 펜의 외적 경험과 내적 경험으로 이 작업을 할 수 있다면 중요한 사람이 누구인가에 대한 경험하기와 중요한 사람과 불쾌한 대상의 차이를 쉽게 변별, 알아차림 할 수 있습니다. 이는 파생된 관계구성 반응을 위한 능력을 향상하도록 도와줍니다. 그러나 오감 또는 정신적 경험을 불러일으키는 방법이 뭐든 상관없이 목표는 같습니다. 사람들을 마음속이 아니라 바로 **경험 속으로 불러내는 것입니다.**

우리는 이 ACT 접근법을 캐주얼하다는 의미의 길거리 수준의 ACT로 생각합니다. 이것은 너무 즉각적이고 문턱이 낮으며 직관적이어야 한다고 생각했습니다. 그래서 어디에서든 우연히 만난 누구에게든지 적용할 수 있기를 바라며 만들었습니다. 우리의 의도는 교외나 상대적으로 부유한 지역뿐만 아니라 미국 LA 스키드로우 인근 빈민가와 같은 힘든 지역으로 가서 누구든지 대화를 나누고 효과적인 방법을 제공할 수 있게 하는 것입니다. 예컨대, 간단한 언어를 사용하면 되기 때문에 중독자나 현재 적극적으로 약물남용하고 있는 사람에게 가서 그들에게 중요한 사람이 누구인지 물을 수 있습니다 (만취한 상태가 아닌 사례 케이스). 간단한 언어를 사용하면 ACT를 누구나 모든 사람이 사용할 수 있는 도구로 만들 수 있습니다.

매트릭스의 오감 경험 속으로 끌어들이는 데는 탁월하지만, 누가 중요한지에 관한 것보다 인간의 경험에는 더 많은 것이 있습니다. 아주 잘 알다시피 불쾌한 일들도 있습니다. 중요한 사람들과 마찬가지로 이것은 매트릭스의 하단 반쪽에 있으므로 Cfunc의 일부입니다.

이것은 맥락에서 나타나는 불쾌한 기능으로 관계구성 망에 추가됩니다. 인생이나 ACT에서 불쾌한 일을 피할 수는 없으므로 중요한 사람들과 마찬가지로 사람들을 불쾌한 경험으로 끌어들이지만, 이것을 유연하게 처리할 수 있습니다. 매트릭스를 사용할 때 이미 유연해지고 절반 정도 온 것입니다. 사람들이 볼 수 있도록 매트릭스 도표에 표시함으로써 관찰자 자기를 잠시 대기시키고, 사람들이 불쾌한 것에서 자기 자신과 거리를 두고 알아차림하여 다른 관계 구성적 반응을 유도하게 합니다.

우리는 언어 사용에 신중해져서 사람들의 유연성을 더욱 촉진할 수 있습니다. 언어가 얼마나 강력한지 이미 여러 차례 언급한 바 있습니다! 그래서 끈적이지 않은 중립적 언어를 선택 사용하는 것이 중요합니다. 이를 위해 원인론적 용어로 표현하는 대신 "**나타난다**show up"라는 언어를 사용합니다. 득정한 끔찍한 일이 이런 역겨운 느낌을 일으켰다고 원인 결과로 말하는 대신 느낌에 중점을 두도록 해야 합니다. 그렇게 하면 감정에 중점이 아닌 **왜**에 대해 생각하기 시작하여 사람들이 머릿속 마음 안에 갇히게 될 것입니다. 알아차림과 관찰 대신에 스스로 그 역겨운 감정을 설명하는 생명력 없는 과거의 스토리를 만들고 집착하기 시작할 것입니다.

아마도 여러 번 사용했듯이 "**나타난다**" 언어에 대해 이미 알고 있을 것입니다. 이것은 훨씬 덜 끈적이며 그 존재를 설명하려고 하지 않고 불쾌한 것yucky stuff과 관련한 경험에 중점을 둡니다. 실제로 그런 것을 설명하려고 하는 것은 산만하게 만들뿐 아니라 항상 가능한 것은 아닙니다. 때로는 불안, 무기력과 같은 불쾌한 것이 우리에게 나타날 때 그 이유조차 확실히 알 수 없을 때도 있습니다. 그저 단순히 나타났을 뿐입니다. 매트릭스 표를 통해 사람들은 전보다 거리를 둔 관점에서 이를 모두 인식할 수 있으며 이는 더 심리적으로 유연하게 해주는 것입니다. 이 관점에서 사람들에게 가장 좋아하는favorite 불쾌한 것[22]이 무엇인지 물을 수 있습니다! 이것은 알아차림하는 데 재미 요소를 추가할 뿐만 아니라 **"좋아하는"** 프레임도 추가합니다. 이는 상당히 유연한 프레임입니다.

"나타난다"는 우리가 선택한 언어는 원인뿐만 아니라 시간적 제한도 제거합니다. 이것은 매우 중요한 부분입니다. 왼쪽 하단의 불편한 것이 **왜(원인)** 나타났는지 생각할 때 일반적으로 **언제(시간)**에 대해서도 생각하게 됩니다. 예컨대, 다음 주에 큰 발표가 있다고 자신에게 말하면서 불안을 일으킨다면, 현재 느끼는 불안에 머무르지 않을뿐더러 미래에는 해당 발표를 할 때 다시 불안을 느낄 것이라고 생각하게 됩니다. 그런 다음 발표가 끝나면 "저 큰 발표는 정말로 나에게 많은 불안을 일으켰다!"라고 생각할 수 있습니다. 이 경우에는 과거에 느낀 불안에 대해 생각하게 되어 현재 불안을 느끼게 할 것입니다.

시간의 제약을 제거하면 더 효과적으로 인식할 수 있으며 특정 사건에 고정되어 있지 않고 불편한 것이 나타날 수 있는 모든 시간을 상상할 수 있게 됩니다. 불편한 것에 갇히지 않고 나타날 때마다 인식하고 그런 다음에 당신이 무엇을 하는지 주목해 볼 수 있습니다. 그래서 방정식에서 원인과 시간을 항목을 제거함으로써, "나타난다"라는 의도적으로 선택한 언어는 수용적이어서 더 많은 유연성과 유연한 프레임이 개인에게 추가될 수 있게 돕습니다.

---

22 불쾌한 경험 중에 선호 고르기: "최근 경험했던 불안, 우울, 무기력, 분노, 강박사고, 망상 중 어떤 경험이 그나마 가장 좋은가요?"라고 물어볼 수 있다(역자 주).

프레임의 불가피성

사실은 무슨 일이든지 프레임을 계속해서 추가할 것입니다. 오프라인 회의 방에 들어가거나 (줌 화상 회의 참여) 말 한마디 하기 전에 이미 당신의 존재 자체가 새로운 프레임을 추가합니다. 그런 다음 말하기 시작하면 당신은 사람들의 마음에 프레임을 빠르게 쏟아냅니다. 심지어 "나타난다"라는 어휘를 선택하지 않더라도, 당신의 부재 자체도 프레임을 추가하게 될 것입니다. 당신이 거기 있어야 하는데, 없다면 그것 자체로 사람들은 어떤 감정을 느낄지도 모릅니다. 그러니 안타깝게도 당신이 사람들에게 프레임을 추가하는 그 사실을 피할 수는 없습니다. 당신이 통제할 수 있는 것은 어떤 프레임을 추가할 것인가 하는 프레임을 추가하는 것입니다. 당신은 유연성이나 경직성 프레임을 추가할 수 있습니다. 중립적인 태도를 취하려고 노력해 볼 수도 있지만, 효과적으로 작동하는 기간은 오래 유지하기 어려울 가능성이 큽니다. 프레임은 마치 [메타포] 「**초대받지 않은 손님**」처럼 매우 강한 생명력을 가지고 지속 나타나기 때문에 중립을 유지하려고 해도 어렵습니다. 따라서 실제로 첫 번째 두 선택지 사이에서 선택해야 합니다. 프레임을 계속 추가하는 처리과정은 결코 끝나지 않는 여정이라 종종 답답하고 좌절감을 줄 수 있지만, 불가피하므로 유연한 것 몇 개를 추가해 보는 것이 좋습니다!

다행히도 ACT 매트릭스는 어떤 프레임을 추가할지 선택하기 쉽게 만듭니다. 이는 유연성을 높이고 발표자 및 청중이 모두 알아차림 하도록 돕는 것이 목적입니다. 더 많이 하는 만큼 무엇을 추가하고 있는지 더 자각할 것이지만, 아무것도 선택하지 않는 것이 요점 없이 의미가 없는 것처럼 보일 수 있습니다. 우리는 유연성의 가치를 강조했으므로 항상 유연성만 추가하면 되는 이유를 궁금해할 수 있습니다. 그러나 우리가 강조하고 지적한 것처럼 때로는 **경직성**을 추가하는 것이 유용한 때가 있습니다. 그중 하나가 누군가에게 데이트 제안을 시도하는 예제이며, 앞에 다룬 것을 기억하고 있습니까? 그런 상황 중 하나입니다. 유연성이 너무 높고 지나치면 시도보다는 포기와 수용이 빨라, 목표한 사람은 잊고 다른 날에, 다른 대상을 잠재적인 데이트 상대로 여기고 선택할 수 있습니다.

다른 경직성inflexibility을 추가하는 시점은 친사회적 매트릭스ProSocial Matrix를 수행할 때입니다. 특히 공유된 가치와 목적에 대해 물을 때입니다. 당신의 행동에 초점을 맞추려 하고 있으며, 그것을 언급할 때 공유된 목적을 더 진전시킬 수 있는 행동 선택지로 그들의 행동 선택지를 효과적으로 제한하고 있습니다. 그러나 심리적 유연성을 추가하는 것보다 심리적 경직성을 추가하는 것이 더 쉽게 이루어지며, 무거운 경직성 프레임을 지나치게 많이 만들 수 있는 위험이 항상 존재합니다. 그래서 어느 정도의 심리적 경직성이 공유된 목적에 대한 사람들의 생각하게 하는 것을 회피할 수 없다 하더라도, 그것이 프로세스의 다른 부분으로 스며들지 seep 않도록 하는 것이 중요합니다. ACT 매트릭스는 유연성에 관한 모든 것이지만 친사회적 매트릭스는 어느 정도 제한이 필요하기 때문에 프로세스의 모든 단계에서 추가되는 프레임을 알아차림할 필요가 있습니다.

Crel 자세히 살펴보기

이 장은 Cfunc와 Crel에 관한 것이지만 지금까지 주로 회피/만족 맥락 기능 영역 Cfunc에 대해 얘기했습니다. 공정하게 말하자면 우리 안에서 많은 일이 벌어지며 Cfunc는 이 모든 것을 포괄합니다. 그러나 거대한 관계망에 프레임을 추가하면 내부 반응(예: 정서)이 **외부** 반응(예: 행동)으로 이어집니다. 이것은 오감으로 경험하는 세상의 맥락에서 수행되는 어떤 것, 즉 Crel입니다. Cfunc와 Crel 간에는 어떤 식으로든 교차 상호작용이 있습니다. 세상의 맥락은 내부 프레임에 영향을 미치고, 이는 새로운 외부 행동의 발전으로 이어집니다. 그것만으로도 복잡하지만, 일단 특정 행동이 생활과 세상에서 시도되면 다시 한번 Cfunc로 돌아가 관계구성 망의 일부가 됩니다. 이를 기억하려면 "rel"이 "관계 구성하기relating" 또는 해당 단어를 다르게 변형해서 나타내는 것으로 생각할 수 있습니다. C는 맥락 부분이고, rel은 관계구성 부분입니다. Crel은 관계 관련 맥락이 되는 겁니다.

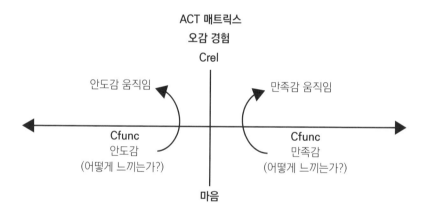

ACT 매트릭스
오감 경험
Crel

안도감 움직임   만족감 움직임

Cfunc
안도감
(어떻게 느끼는가?)

Cfunc
만족감
(어떻게 느끼는가?)

마음

예컨대, 악몽처럼 끔찍하게 생긴 개가 당신에게 돌진해 오는 모습을 보았다고 가정해 보세요(자극). 이 외적 맥락은 대부분의 사람들에게는 두려움이라는 마음속 정신 경험, 즉 내적 반응을 생성합니다(Crel). 이미 우리는 매트릭스의 상단 부분에서 하단 부분으로 이동했습니다. 물론 두려움이 나타날 때 어떤 것을 행동하여(회피) 안도감을 얻고 싶어 할 것입니다(Cfunc). 행동이며 관찰이 가능한 매트릭스의 상단으로 다시 올라가려면 그 두려움의 반응으로 도망칠 수 있습니다. 그리고 도망가기가 두려움에서 안도감을 얻는 데 효과적이라면 다시 도표의 하단으로 이동하여 새로운 프레임이 추가됩니다. 즉, 효과적으로 위험한 대상으로부 멀어지는 데 "달리기가 유용하다."라는 프레임입니다. 이렇게 하여 당신은 멀리 달려서 도망가기가 안도감을 얻는 것과 연결된 관계구성 망(도망 ↔ 안도감)을 만들었습니다.

지금까지 다룬 Crel에 대한 내용에서 분명히 알 수 있었습니다. 무섭게 달려드는 개는 명백하게 맥락에서 공포 반응이 오는 그래서 도주하는 Crel 범주에 속합니다. 이것은 당신 주변의 세계에서의 외적인 맥락의 일부이며, 이는 정신 경험, 내적인 맥락에 추가되는 프레임에 영향을 미치게 됩니다(달려오는 개는 무섭다. 도망쳤더니 편안하고 안전했다). 다시 말해, Crel은 들어오는 자극입니다. 그게 전부가 아닙니다. 개에게 두려움으로 반응하여 도망치고 있다면 그것 또한 (드러난 감정 관련 행동으로) Crel입니다. 이것은 당신이 세계에서 하는 일이고, 그 행동에 대한 당신의 알아차림은 "개를 회피하는 것이 효과적이다."라는 프레임을 만들어냅니다.

공격적인 개에서 도망치는 것은 부적 강화 행동negative reinforcing behavior[23]의 대표적인 예입니다. 당신이 앞에서 언급한 이 전문용어를 지

---

23 부적 강화 행동 negative reinforcing behavior: 바람직한 행동을 하는 경우의 조건부로 혐오자극을 제거하여 기대되는 행동을 강화하는 것이다. 도망가는 행동으로 개의 혐오 자극 부재(negative −)는 두려움이 줄어들었고(반응이며, 보상), 그러면 보상을 강화물로 받아서 도망가는 행동은 증가하였다. 반면, 정적 강화는 행동의 증가로 기대되는 긍정적 자극이 보상으로 주어지면(positive +) 어떤 행동이 증가하는 것을 말한다. 요약하면 강화는 자극이 없어지나(부적) 추가하나(정적) 상관없이 행동의 반응이나

금쯤 잊어버렸다면 이해합니다. 이 책에서 그 용어가 언급된 후 시간이 꽤 지났습니다! 이것은 그저 느낌이 좋지 않은 불편한 어떤 것을 없애기 위해서 행동 반응하는 것을 의미합니다. 정말로 그것은 안도감 추구 행동들에 관한 좀 더 심리학적 전문용어에 불과하며, 이전에 언급한 대로 부적 강화 행동에는 본질적으로 잘못된 것은 없습니다(마음챙김으로 판단 보류). 이것을 잊기 쉽습니다. 실제로 많은 ACT 실무자들은 이러한 종류의 행동을 회피라고 비난하기도 합니다. 전문가들조차 이러는 이유는 이해하기 쉽습니다. 용어 자체가 "부정적negative"이라는 단어를 포함하기 때문입니다. 사실, "안도감 추구 움직임relief moves"이라는 용어를 사용하는 이유 중 하나는 언어가 평가 없이 덜 끈적이기 때문입니다. 우리는 안도감 추구 움직임을 나쁜 것으로 낙인찍는 것을 지양하려고 합니다. 왜냐하면 그 연관성을 만들면 피해야 할 일로 프레임을 지정하여 경직성을 추가하기 때문입니다. 이는 다시 말해 당신의 안도감 움직임 중 어느 것이 실제로 효과적일지 인식하기가 훨씬 어려워집니다. 안도감 추구 움직임이 나타날 때, 경험에 대해 유연한 마음가짐flexible mindset을 유지하면, 어떤 것을 채택하고 유지할지, 어떤 것을 버릴지를 당신이 선택할 수 있습니다.

요점은 우리가 사람들을 경험으로 끌어들이고자 하며, 그러려면 개방성을 유지하며 경험을 열어둘 필요가 있다는 것입니다. 경험을 판단하고 누군가에게 그들이 하는 일이나 경험이 어떤 면에서 잘못되었다고 말하면 마치 당신이 그것 앞에서 셔터를 내리고 차단한 것과 마찬가지입니다. [메타포]「셔터」, 이 셔터는 사람들이 그 경험을 끌어내서 표현하는 것을 막게 합니다. 그러면 어떤 일이 생길까요? 당신이 잘못되었다고 하

빈도, 강도를 유발하고 행동 반응을 증가시키고 촉진하는 작용을 말한다(역자 주).

는 태도로 그러면 안 된다고 설득했기 때문에 사람들은 그것과 관여하고 참여하는 것을 두려워하게 됩니다. 이것이 우리가 응용 RFT에서 판단judgment을 내보내려는 이유입니다. 우리가 "근본적인 비판단주의radical nonjudgmentalism"라고 부르는 것을 연습함으로써 가능합니다. 물론 이것은 단순히 "우리가 사람들을 판단하지 않는다."라고 말하는 멋진 방법일 뿐입니다. 이 말이 그리 인상적이지 않을 수 있지만 평가하지 않는 것을 실천하는 것 자체가 근본적인 변화이며 치유에 효과적인 급진적인 행위radical act입니다. 더구나 이것은 사람들이 우리가 취하는 무비판적인 관점으로 자기 자신을 볼 수 있게 도와줍니다.

안도감 움직임, 부적 강화 행동 또는 무엇이든 원하는 대로 부르세요. 뭐든 좋습니다. 모두 매트릭스 Crel의 넓은 우산 같은 범주 안에 속합니다. 다양한 이름 모두 맥락에서 유도되는 관계에 있는 것입니다. 공격적인 개의 접근이라는 맥락에 대한 반응은 당신에게 공포의 기능이 나타날 때, 당신은 거기에서 당장 벗어나려는 행동으로 관계(공포 감정과 도주 행동)가 유도됩니다. 마찬가지로 만족감 방향의 움직임도 관찰이 가능한 Crel입니다. 이들은 우리의 중요한 사람이나 공유된 목적(예: 가치)이 제공하는 내적인 기능(예: 학구열, 도움 주기, 생산성)에 대한 반응으로 유도된 것으로 관계가 구성됩니다. 우리는 중요한 것들에 대해 소중히 여기고 관심이 있기에 그와 관련된 움직임, 다양한 행동을 취합니다(예: 공동 연구, 저술, 북스터디 모임 등).

알아차림

이 시점에서 우리는 누가 중요한가의 부분, 불쾌한 것의 출현 그리고 안도감을 주는 행동, 만족감을 주는 행동을 거치면서 매트릭스를 통과했습니다. 다음은 바로 도표 중심에 있는 알아차림관찰하기/noticing만 남았습니다. 이제 각 사분면을 거친 후에 언어를 사용하여 과거와 미래를 알아차림하도록 안내할 수 있습니다. 이것은 복잡해 보일 수 있지만 기본적으로 여섯 마디로 나눌 수 있습니다. "나 지금 여기me here now, 나 거기 그때me there then." 이것은 이전에 논의한 지시(표시)적 프레임 중 하나입니다. 이러한 프레임을 사용하면 과거에 있었던 곳, 현재 있는 곳 및 어디에 있을 수 있는지를 볼 수 있습니다. 그러나 앞을 보는 것이 뒤를 보는 것보다 우리에게 더 중요합니다. 과거를 보면 빠지고 갇히기가 더 쉽습니다.

이전에 설명한 "나타난다" 언어를 사용하는 것 외에도, 우리가 사람들이 미래에 언어를 사용하도록 돕는 한 가지 방법은 "다음 주 동안에(앞으로 일주일 다음 상담 때까지) 이 모든 것을 알아차릴 기회가 또 있을까요?"라는 질문을 하는 것입니다. 이 질문의 목적은 사람들이 삶에서 매트릭스를 가지고 앞으로, 즉 미래로 나아가도록(전진) 하는 것입니다. 이것을 맥락 안에 기능적 행동, Cfunc로 다루고 자신을 미래로 투영하는 기능을 질문으로 제공합니다. 또 다른 관점으로 보면, 이 질문이 사람들을 심리적 유연성을 마음에 기억하고 전진하도록 도와준다는 것입니다. 왜냐하면 알아차리는 능력이 있다는 것은 본질적으로 심리적으로 유연성이 있는 존재라는 것이기 때문입니다.

이제 Cfunc에 대해 알게 되었습니다. 이것은 우리의 내적 및 외적 맥락에서 나타나는 내적인 기능이라는 것을 알고 있습니다(맥락 내 경감 및 만족 기능). 그리고 Crel에 대해서도 알게 되었습니다. Crel은 우리가 맥락에서 내적인 기능으로부터 파생되는 관계로, 외부 세상에서 행동으로 나타나는 것임을 알게 되었습니다(맥락 행동). 매트릭스를 만들고 다듬을 때, 심리학자 케빈과 필은 Crel과 Cfunc가 도표에 어떻게 맞아 떨어지는지에 대해 많은 고민을 했고, 이를 알기 쉽고 사용하기 쉬운 개념으로 번역했습니다. 이것은 매트릭스를 사용하려면 이 개념들을 모두 이해해야 한다는 뜻일까요? 물론 그렇지 않습니다! 매트릭스는 행동과학과 학계 등 세계뿐만 아니라 어디서나 모든 사람들이 사용할 수 있도록 의도되었습니다. 물론 우리 방식이 아닌 사람들의 작업이 중요하지 않다는 것은 아닙니다. 우리가 하는 것과 다르다는 것이지 우리와 같지 않은 것이 틀리다는 주장은 아닙니다.

Crel과 Cfunc에 대해 알아야 할 가장 중요한 것은 그것들이 매트릭스에서 파생된 개념이라는 것입니다. 케빈은 매트릭스를 하늘에서 끌어오지 않았습니다. 그것은 행동주의와 급진적 행동주의의 기초 위에 만들어진 것입니다. 다양한 사색가들의 발자취를 따르며 수십 년 동안 '사람들이 어떻게 행동하고 변화하는지에 대한 실험과 연구가 뒷받침하고 있습니다. 따라서 세상 밖으로 나가서 사용한다면 이론, 연구 및 실험의 거대한 산이 당신 뒤에 서 있다는 것을 알아두

시길 바랍니다. 다만 그 산을 다른 사람에게 보이지 마세요. 왜냐하면 등반이 불가능해 보이는 산의 전망처럼 사람들을 꼼짝하지 못하게 갇히게 만드는 것도 없기 때문입니다.[24]

---

24 [메타포]「태산 등반」: 역자가 붙여본 이름이다. 저자가 이론 등 단순하게 설명하는 것을 강조하고 있다. 전문가분만 아니라 일반인들에게 과도하고 어려운 이론적 배경을 다 설명해 주는 것은 등반 준비가 안 된 사람들에게 태산을 보여주고 등산하자고 할 때 지레 겁 먹게 하는 것과 같다는 비유이다. 다양한 심리학 원리를 다 설명하면 부담되고 압도되어 배우고 실습하길 포기하기 쉬우며 결과적으로 나아가는 데 도움이 되지 않기 때문이다. 점진적 노출의 중요성은 여기서도 통한다(역자 주).

PART 03

언어 합기도

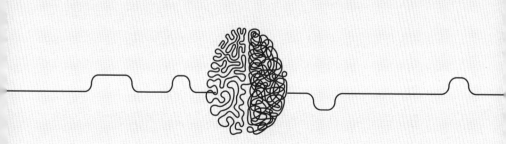

PART 03

언어 합기도

 매트릭스, 이론에서 실제로 가기

이 시점까지 당신은 관계구성틀 이론(이하 RFT)의 바다에 오랫동안 푹 잠겨 있었습니다. 초급 수준에서부터 고급 개념까지 RFT에 대한 상당한 지식이 당신에게 전해졌으니 이제 기본 개념을 정리하기 위해 다시 살펴볼 시간을 가져봅시다.

RFT는 기능적 맥락주의에서 시작되었으며 내적 및 외적 행동을 맥락 속에서 보고 그 기능을 조사합니다. 이는 크게 두 가지 기능, 즉 만족감과 안도감, 즉 정적 강화와 부적 강화가 있다고 주장합니다. 실제로 기능적 맥락주의는 기능이 정적인지 부적인지 알아차림하는 것에 중점을 두지만 여기서 그치지 않습니다. 그것은 또한 당신의 행동이 당신이 삶에서 원하는 곳으로 당신을 인도하고 있는지를 자각하는가의 여부, 즉 그 알아차림의 목적과도 관련이 있습니다. 이것이 바로 우리가 알고 있는 것처럼, ACT에서 중요한 실효성효과성/workability의 개념입니다.

기능적 맥락주의에 따르면, 마음의 맥락과 세계의 맥락 간에는 관계가 있습니다. 이 관계는 유아기에 시작됩니다. 당신은 세상을 보고 주변의 사람들이 이상한 소리를 내는 것을 듣고 결국 그 소리를 마음의 개념이나 세계의 사물에 연결하는 법을 배웁니다. 다시 말하면, 당신은 그것에 프레임을 추가합니다. 그 소리는 그 사물의 기능 또는 Cfunc를 가지게 됩니다. 예컨대 "엄마"라는 소리는 당신이 엄마의 물리적 특징과 그 주변의 프레임을 생각하게 만듭니다. 이렇게 하여 자극 기능 변형이라고 불리는 프로세스를 배운 것입니다.

자극 기능을 가정하는 단어의 문제는 사람들이 머릿속에 박히게 할 수 있습니다. 우리가 말하거나 생각하는 말이 신체적 감각을 복제하고 우리 삶 동안 머릿속에서 만들어진 복잡한 관계구성 망을 불러일으킬 때, 우리는 주변에서 벗어나고 대신 머릿속에 머물러 무슨 일이 일어나고 있는지 알아차리기 어려울 수 있습니다. 당신의 언어가 당신에게 필요한 모든 경험을 제공하는 것처럼 보이는데, 왜 우리는 이것을 신경 쓸까요? 인간은 안타깝게도, 이 경험이 항상 현실과 일치하는 것은 아니며, 이로 인해 우리는 항상 가장 최선의, 효과적인 행동을 할 수 있는 것은 아닙니다.

더욱이, 만약 머릿속에 있는 것들이 특히 고통스럽다면, 언어가 주는 고통에서 벗어나려고 안도감을 얻으려고 해방되려고 할 것입니다. 안도감을 얻는 것(때로, 회피 행동)은 결코 나쁜 일이 아니지만, 사람들은 극단적인 행동과 대처, 조치를 취할 수 있습니다. 가장 괴롭고 다루기 어려운 것은 사람들이 안도감을 찾아 자살에 이를 수 있다는 것입니다. 이 문제가 RFT가 만들어진 이유입니다. 그렇다고 해도 자살 행동과 같이 극단으로 이끌리지 않는 많은 사람이 있으나 여전히 머릿속(생각) 세상에 갇혀 불행한 사람들이 훨씬 많기도 합니다. 사실 모든 사람은 언젠가 어떤 순간에는 갇히게 됩니다(유연한 스펙트럼). 인간으로 존재하기 때문에 그런 결과가 있는 것은 자연스럽습니다.

사람들이 회피 영역에 갇힌 상태에 있을 때, 가치 방향처럼 원하는 곳에 가려면 몸부림치며 힘들기만 하고 도달하기 상당히 어렵습니다. 사람들이 생각이나 감정 등 경험에 빠져 있으면 무엇이 효과가 있고 무엇이 효과가 없는지를 알아차리고 주의를 기울이지 못합니다. 그래서 사람들은 자신에게 중요한 사람 또는 다른 사람들에게 공유하고 표현한 삶을 사는 목적, 또는 그들이 원하는 가치 방향으로 접근하지 못하고 계속해서 비효과적인 행동을 반복합니다. 심리학자 케빈은 RFT, 기능적 맥락주의 및 ACT를 배경과 기반으로 사람들이 갇힌 상태에서 벗어나기 위해 도울 수 있는 실험, 변별 작업을 매트릭스를 개발했습니다. 사람들에게 오감 경험과 정신적 경험 사이의 차이에 주목하도록 초대하는 방법을 찾았습니다. 즉, 그들이 사용하는 언어의 결과로 그들이 경험한 것입니다. 이 실험은 ACT 및 친사회적 매트릭스의 기초가 되었습니다.

매트릭스, 기능적 맥락주의, RFT, 그리고 ACT는 모두 실험실과 현실에서 적용이 시도되고 검증되었습니다. 그러나 지금까지 이 책의 대부분은 이론에 관해 이야기하는 데 많은 시간을 보내는 중입니다. 우리는 이 모든 것들의 잡초 미궁 속으로 깊이 파고들었습니다. 너무 많은 전문용어를 소개해 드려서 이 모든 것의 시작 지점을 놓쳤을 수도 있습니다. 그 시작점은 심리학자 케빈의 원래 의도했던 차이를 자각하는 변별 작업에서 멀어질 수 있다는 것입니다. **우리의 매트릭스 작업은 사람들이 세계와 자신의 마음 간의 차이를 알아차리도록 돕는 데에 중점을 두고 있으며**, 그래서 사람들이 원하는 삶의 방향으로, 가고 싶은 곳으로 가도록 효과적인 것을 하도록 도울 수 있습니다. 이와 관련된 수많은 이론, 실험, 연구가 뒷받침되고 있습니다. 그러나 우리는 세상 밖의 돌아가는 모습에 더 관심이 있고, 이제는 그것이 어떻게 보이고 어떻게 생겼는지에 초점을 맞출 때입니다.

하지만 먼저, 우리는 여러분에게 들려줄 이야기가 있습니다.

오래전 이야기 하나

어느 수험생이 제한 시간이 있는 시험에서 점수를 높이려고 공부하고 있었습니다. 구체적으로 말하면 대학 입학을 위한 **ACT** 시험이었는데, 수용전념훈련이 아닌 대학 입학을 위한 것이었습니다! 그는 좋은 점수를 얻기에 필요한 모든 지식을 가지고 있었지만, 제한된 시간 안에 씨름하며 고민하고 있었습니다. 그는 쉽게 모든 문제를 제한 시간 안에 완료할 수 없습니다. 표준화된 시험을 친 경험이 있는 사람은 알겠지만, 완료하지 못한 문제에 대해 점수를 받지 못한다는 사실을 알고 있습니다. 점수 맥락에서는 완료하지 못한 문제는 큰 의미가 없습니다.

그의 역경은 문제를 살펴보는 동안 불쾌한 것들이 계속 나타나기 때문에 그 문제들을 "맞았다"라고 느껴질 때까지 반복해서 읽고 있었습니다. 그는 각 문제가 완벽하게 이해가 되어 이게 정답이라고 강하게 느껴질 수 있는 그 순간을 기다리면서 시간을 낭비하고 있었습니다. 이 청년은 우리가 '**예, 그러나**' 사고방식mentality이라고 부르는 경향성을 가지고 있었습니다. 마치 자신에게 "**예**, 이 문제에 답해야겠지만, **그러나** … 뭔가 이상하게 느껴진다!"라고 말하고 있는 것처럼 보였습니다.

우리가 앞부분에서 "엄마"라는 언어가 가장 끈적하고 많은 것이 붙어있는 처리하기 어려운 단어 중 하나라고 했습니다. 그리고 그 옆에 비슷한 수준의 "그러나but"라는 익숙한 단어가 있습니다. '그러나'라는 단어에는 많은 불쾌한 것(생각, 경험, 감정 등)이 붙어 있고, 청소년이 발견한 것처럼 문제를 해결하는 능력을 막습니다. 당신이 그의 상황에 있었다면, 자신에게 여러 번 '이 문제를 그냥 무시해요! 계속 나아가세요!'라고 말하더라도 "그러나"라는 말을 생각하기 시작하면 모든 게임은 끝이 날 것입니다. 당신은 뭔가 이상하게 느껴지는 것에 집착하게 되고, 그 불쾌한 정신적 경험이 이 상황에서 질문에 답을 하나 정하고 앞으로 나아가는 시나리오처럼, 효과적인 것을 하는 데 방해가 될 것입니다(심리적 경직성의 사례).

그러나 그 청소년은 자신의 난제를 해결할 수 있는 특별한 기술 세트를 가지고 있었습니다. 그는 훈련된 배우로, 하루종일 연기할 수 있었습니다. 그가 시험 시간 중에 연기improv를 할 수 있다는 것을 깨달은 후에 심리적 유연성의 문이 넓게 열렸습니다.

자, 이야기를 마쳤습니다. 어떠세요? 당신에게 이 이야기의 사례가 이상한 해결책처럼 보이셨나요? 시험은 방대한 준비와 연습의 영역이라는 것을 이해합니다. 공부를 잘하고 시험을 잘 보려면 자료를 공부하고 시험의 조건에 적응해야 합니다. 즉흥적 연기를 한다는 생각은 많은 사람에게 이상하게 보일 수 있습니다. 자녀들에게 공부하도록 재촉하는 부모님에게, 몇 시간 동안 시험을 보아야 하는 학생들에까지 다양하게 거부감이 드는 것은 자연스럽습니다. 안심하길 바랍니다. 우리는 시험 전에 즉흥적인 것에 대해 얘기하고 있는 것이 아닙니다. 우리가 말하는 것은 시험 도중에 즉흥적 연기가 필요하다는 것입니다.

예, 그리고

시험장에서 즉흥 연기를 잘하려면 "예, 그리고yes, and" 태도가 필요합니다. 누군가가 당신에게 주는 것을 받아들이고(예) 그 위에 추가해(그리고) 나가야 합니다. 다시 말해, 심리적 유연성이 필요합니다. 그렇게 하면 상대가 보내주는 것에 적응하고 다른 것을 보내며 이 프로세스를 계속할 수 있습니다. 이렇게 하여 여러분의 장면이 자연스러운 결론에 이를 때까지 계속됩니다. 예시에 청소년 수험생은 자신에게 더 많은 문제를 야기하는 '예, 그러나' 프레임을 제거할 수는 없었지만, 시험 보기에 더 유연한 '예, 그리고' 프레임을 추가할 수는 있었습니다. 그 전에 "나는 이 질문에 답을 해야 해! 그러나 맞는지 모르겠어."라는 생각을 해왔습니다. 지금 그는 "그리고, 나는 어쨌든 답을 적고 (다음 문제로) 나아갈 거야!"라고 추가할 수 있습니다. 이 태도로 그는 제한된 시간 내에 시험을 완료하고 원하는 높은 점수를 얻을 수 있었습니다.

그가 한 일을 시각적으로 나타내보면, 매트릭스 도표를 같이 보세요. "예, 그리고" 기법을 사용함으로써 그는 불쾌한 감정과 생각으로부터 시작하여, 대각선으로 본질적으로 만족감에 이를 수 있었습니다. 그는 원하는 목표에 도달하기 위해 효과적인 행농을 하고 불쾌한 경험들도 함께 가져갈 수 있었습니다. 그러면서 자연스럽게 시험에서 높은 점수도 얻을 수 있었던 것입니다.

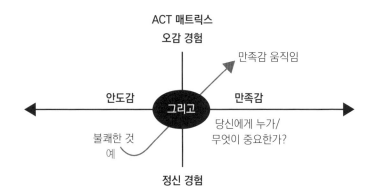

사람들은 이 "예, 그리고" 마인드셋 태도를 실제로는 생각보다 훨씬 더 자주 사용합니다. 우리 삶의 매일, 우리는 불쾌한 감정을 함께 가져가면서 효과적인 일을 하는 것입니다. 그러나 다수의 많은 사람들이 이를 알아차리지 못하기 때문에 자기 자신에게 공을 돌리지 않습니다. 이는 안타까운 일이죠, 왜냐하면 자신의 불쾌한 감정을 함께 가져갈 수 있는 능력은 정말 어렵고 멋진 성취입니다! 우리가 사람들과 함께 매트릭스 작업을 할 때, 사람들이 이렇게 하는 것을 주의를 기울여 관찰하고 사람들에게 꼭 알려줍니다. 이것은 그들이 이 멋진 일에 대해 축하하고 자랑스러워할 수 있도록 도와주며, "예, 그리고" 프레임을 강화합니다. 이 심리적 유연성 프레임을 강화함으로써, 누구든지 미래의 불쾌한 감정에 직면했을 때 동일하고 효과적인 행동을 할 가능성이 더 높아질 것입니다.

　　또 다른 관점에서 "예, 그리고" 프레임을 생각하는 방법은 이것이 불쾌한 감정을 받아들이고 실효성에 대한 안목을 가지고 효과적인 행동에 전념하고 참여한다는 것입니다. 이 내용이 익숙하게 들리는 것은 수용전념치료(ACT) 훈련의 수용과 전념 부분이기 때문입니다. 이것이 케빈이 자신이 개발한 다이어그램 도표를 ACT 매트릭스라고 부른 이유입니다. 비록 우리의 실습 방식은 전통적 ACT와 크게 다르지만, 그 목표는 심리적 유연성을 증진하도록 돕는다는 측면에서 일치합니다.

　　마지막으로 "예, 그리고" 프레임은 호기심의 행동뿐만 아니라 효과성과 관련된 행동입니다. 호기심이 있는 태도는 이 유연한 사고 방식의 필수적인 부분입니다. 연극에서 다음에 무엇이 올지 또는 그것을 어떻게 다룰지 전혀 모르는 것처럼, 이 태도를 수용하려면 자기 안에나 세상 속에서 어떤 것이 나타날지에 대한 호기심이 필요합니다. 왜냐하면 그것들은 당신이 기대하는 대로 나타나지 않을 것이기 때문입니다. 기대는 모두가 가지고 있지만, 그것들은 사람들의 마음에 존재하고 세상에 존재하지 않기 때문에 현실과 잘 맞지 않을 때가 많습니다. 우리 주변에서 실제로 일어나는 일은 대부분 예상과는 다르며, 당신이 호기심을 가지고 있다면 이는 나쁜 일이 아닙니다. 실제로는 흥미로워지고 다음에 무엇이 나와 관찰하게 될지 기대하게 됩니다.

당신이 "예, 그리고" 기법이라고 부를지라도, '수용하고 전념하기' 또는 '당신과 함께 불쾌한 것을 가져가기'라 부르든 상관이 없습니다. 이 심리적 유연성은 우리가 언어 합기도verbal aikido라고 부르는 특징입니다. 당신이 합기도라는 용어를 이미 다른 사람들이 다른 목적으로 사용하는 것을 들어본 적이 있을 수 있지만, 이 용어는 우리가 하는 직업에서 특별한 기능을 가지고 있습니다. 우리는 다음 장에서 **언어 합기도**를 가지고 ACT 매트릭스의 이론에서 실제로 나아가기 시작합니다. 이론이 실제에서는 어떻게 연습하고 체험할 수 있는지 보여줄 예정입니다.

11. 언어 합기도와 방향 전환 기술

사실 당신은 실제 연습에서 언어 합기도(合気道, 아이키도)의 일부를 이미 보셨습니다. 이것이 그 이름을 딴 유연한 무도와 마찬가지로 언어 합기도는 모든 것을 받아들이기receiving와 방향 전환하기redirecting와 관련된 것입니다. "예, 그리고"를 말할 때 나타나는 양상이 정확히 언어 합기도('예'는 받아들이기, '그리고'는 방향 전환)입니다. 이 수용-전환 기술은 당신이 불편한 것이 나타날 때 당신이 알아차릴 수 있도록 도와줌으로써 당신의 불쾌한 것을 거스르는 것이 아니라 당신과 함께 움직일 수 있게 해줍니다. 이렇게 함으로써 당신은 원하는 곳으로 나아가면서 불쾌한 감정을 함께 가져갈 수 있습니다. 간결하게 말하면, 언어 합기도를 할 때 당신은 불쾌한 감정에 저항하지 않습니다. 오히려 당신은 불쾌한 것을 받아들이는 것입다.

합기도는 20세기 초반에서 중반에 모리헤이 우에시바Morihei Ueshiba가 만든 일본식 무도입니다(한국 등에도 유사하고 독자적 방식의 합기도가 존재합니다). 이것은 칼 등 공격에 대한 자기 자신의 방어를 위해 고안되었는데, 우에시바는 공격자를 해치는 것보다 자신을 방어하는 것에 더 큰 관심을 가졌습니다. 이를 위해 합기도에서는 상대방에게 타격하지 않습니다. 대신, 상대방이 공격하도록 초대한 후, 당신이 들어가는 식입니다. 이로써 당신은 그것에 대항하기보다 상대의 공격과 함께 움직이게 되며 그 기세에 대한 통제를 얻게 됩니다. 일단 상대의 공격이 들어온 후에 당신은 상대의 에너지를 원하는 곳으로 방향 전환할 수 있습니다. 특별히 효과적이지 않게 들릴 수 있습니다. 그러나 합기도의 대가가 직접 시연하는 것을 본다면 이해할 것이고 이것을 보는 것은 큰 볼거리입니다. 그것은 싸움보다 오히려 춤에 가까워 보입니다.

무도로서 합기도 마스터에 대해 이야기하자면, 케빈이 마스터 두 명을 만난 것은 그가 언어 합기도를 개념화하도록 도움을 주었습니다. 몇 달 간격을 두고, 두 명의 마스터가 동료들을 데리고 매트릭스를 사용하는 것을 관찰하기 위해 왔습니다. 매트릭스가 움직이는 양상을 본 후, 마스터 둘 다 케빈과 동료가 하는 매트릭스 작업이 마치 언어적 합기도 같다고 말했습니다. 이 용어는 그대로 남아 있었고, 케빈은 그 후로 계속해서 이 용어를 사용해왔습니다.

한편, 아주 신기한 것이 공저자인 심리학자 필은 독립적으로 정확히 같은 아이디어를 생각해왔습니다. 그러나 그는 자신이 수년간 훈련한 합기도를 통해 매트릭스와 합기도 간의 연결을 인식해왔습니다. 합기도는 매트릭스를 사용하는 사람들에게 이상적인 무술입니다!

케빈과 필이 발견한 것은 합기도 수련자가 단단한 신체적 에너지를 방향 전환하는 방식과 마찬가지로 언어 합기도가 당신에게 닥치는 단단한 언어 에너지를 방향 전환할 수 있게 해준다는 것이었습니다. 합기도에서는 상대방의 움직임을 받아들이고 어디든 향하게 할 수 있지만 언어 합기도에서의 목표는 사람들의 불쾌한 감정과 막힌 언어를 매트릭스로 보내는 것입니다. 그러한 것들이 도표에 올라가면 사람들은 이전에 가지지 못했던 심리적 유연성의 정도를 알아차릴 수 있게 됩니다. 다른 방법으로는 언어 합기도를 사용하면 당신은 경직된 말로 된 에너지를 사람들이 그것을 관찰할 수 있는 방식으로 방향 전환하고, 그들이 관찰자 자기의 유연한 관점을 취할 수 있다는 것입니다. 사실 "예, 그리고"를 말할 때 정확히 이것을 할 수 있습니다. 당신은 매트릭스 표 아래에 적혀 있는 것처럼, 어떤 행동을 하면서 당신의 사분면 좌측의 아래 영역에 불편한 것들을 관찰하면서도, 당신에게 만족스러운 일을 하는 것처럼 느낄 수 있습니다.

막힌 언어 옮기기

언어 합기도를 수행하기 위해서는 반드시 도표를 사용할 필요는 없습니다. 사람들이 말로 보내는 막힘을 당신에게서 떨쳐내고 그것을 그들이 알아차릴 수 있는 곳으로 다시 보내기만 하면 충분합니다. 그러나 매트릭스를 사용하면 이 프로세스를 간소화할 수 있습니다. 왜냐하면 그것은 사람들이 당신에게 던지는 언어를 놓을 수 있는 곳을 제공함으로써 알아차림을 촉진하기 때문입니다. 그리고 이것은 쉽습니다. 종이나 화이트보드, 쓰기 위한 도구 외에 다른 것은 필요가 없습니다. 저희는 개인적으로 필요에 따라 추가하고 지울 수 있도록 화이트보드를 사용하는 것을 좋아합니다.

누군가와 지금 대화 중이라고 가정하고 상상력을 발휘해 보시기 바랍니다. 비즈니스 환경에서나 심리치료를 진행하고 있을 수도 있고, 간단히 대화 중일 수도 있습니다. 어떤 경우든 상관없이 이 대화 상대는 매우 경직된 방식으로 갇혀있습니다. 그들은 많은 왼쪽 아래 부분에 불편한 것이 나타났고, 안정감을 추구하고 있습니다. 사람들이 무엇에 대해 얘기할 수 있을까요? 중요한 과제로 인한 스트레스, 친구나 가족과의 어려운 관계, 아니면 그들이 좋아하는 지역 야구팀이 12연패를 기록했다고 할 수도 있습니다. 가상으로 이것을 극단적으로 생각한다면 자살 생각을 표현하고 있다고 상상할 수 있습니다. 이 경우에는 스티븐 헤이즈Steven Hayes와 다른 RFT 심리학자들이 자기 언어와의 관계가 매우 끈적하고 단단하게 안도감을 얻기 위해 자살을 고려할 때 어떻게 해야 하는지에 대한 동일한 문제에 직면하게 됩니다.

이미 매트릭스를 그려서 이 사람에게 보여준 상태라면 간단하게 "도표에 그것을 어디에 넣을 것인가요?"라고 물어보면 됩니다. 딱 그 순간에 당신은 그들의 말로 표현되는 언어적 에너지를 그들이 알아차림할 수 있는 곳으로 방향 전환한 것입니다. 이선에는 그것이 당신을 향해 가고, 더 중요한 것은 그들 자신의 마음으로 향했지만, 이제 사람들은 침투한 자기 생각을 어디에 놓아야 할지 생각하고 있습니다. 그들은 아마도 그것을 다른 모든 불쾌한 것과 함께 왼쪽 아래 사분면에 놓을 것이지만, 그것을 다른 곳에 놓아도 괜찮습니다. 여기서 중요한 것은 올바르게 배치하는 것은 중요하지 않습니다! 이것은 본질이 아니라는 것을 기억하세요. 게다가 그들이 보는 것은 왼쪽 아래뿐만 아니라 그것을 어떻게 해야 하는지, 누가 그들에게 중요한지, 그리고 만족감을 얻기 위해 무엇을 할 수 있는지 같은 모든 것의 맥락 속에서 그들의 생각을 알아차릴 수 있습니다. 이들은 이 생명력 없이 멈춰 있는 이야기의 주인공에서 모든 것을 아는 서술자로 전환되어 있습니다. 이 관점에서 그들은 일단 더 불쾌한 것들이 그들에게 나타나는 동안에도 알아차림에 따라 효과적인 관계적 반응을 유도할 가능성이 훨씬 높아지고 있습니다. 그리고 그들은 여전히 그들 안에 나타나는 불쾌한 것을 계속해서 알아차릴 수 있습니다.

이 시나리오는 당신이 얼마나 경직된 언어를 사용하든 언어 합기도를 사용할 수 있음을 보여줍니다. 그리고 언어 합기도를 사용하면 어떤 에너지도 다른 곳으로 방향 전환할 뿐만 아니라 불쾌한 것과 거리를 두도록 돕고, 당신도 그 같은 일을 실제 할 수 있도록 허용합니다. 생각이나 개념, 감정에 갇힌 사람들과 작업하는 것은 쉬운 일이 아닙니다. 특히 자살 생각을 포함하는 경우 그들의 불쾌한 것을 받아들이는 것은 압도되는 것이라 어려울 수 있습니다. 언어 합기도와 매트릭스를 사용하면 다른 곳으로 불쾌한 것을 방향 전환할 수 있는 도구를 갖게 되어 당신도 관찰자의 관점을 취할 수 있게 도와줍니다. 당신의 감정적 부담을 덜게 하는 데 정말 큰 도움이 됩니다.

공격자 회피하기

모욕적인 말에 대한 대처

언어 합기도는 말로 공격당하는 상황에서 특히 도움이 됩니다. 이것은 이론의 기반을 둔 합기도 무술과 마찬가지로 공격을 제어하고 들어가서 방향 전환할 수 있게 해줍니다. 상대방의 공격적인 모욕주기가 얼마나 고통스러운지 우리 모두가 알고 있기 때문에 이 기술은 매우 가치가 있습니다. 모욕은 우리를 머릿속에 갇히게 하는 데 아주 효과적입니다. 누군가가 당신에게 직업에서 형편없거나 그냥 끔찍한 사람이라고 평가절하하며 말하면 매우 아프고 상처가 됩니다. 당신은 그들에게 화가 나서 맞서서 말로 반격을 시작하고 그 상황에서 일반화된 갇히고 낚이는 상태가 오래 심각하게 지속될 수 있습니다.

아니면 당신은 자신을 의심하기 시작하고, 그들이 옳고 당신이 계속 사기꾼으로 사는 거라는 자책의 생각을 할지도 모를 일입니다.

그러나 언어 합기도를 사용하면 모욕의 전체적인 부정적 힘force 을 받아들일 필요가 없습니다. 그것을 단순히 매트릭스에 방향 전환 하고 상대방에게 그것이 어디에 가야 할지 묻기만 하면 됩니다. 갑자기 그들은 자신이 무엇을 했는지와 그들이 무엇을 말했는지에 주목하고 있으며 그 씨앗이 심어졌습니다. 그들이 여전히 당신에게 저항적이더라도 알아차림(관찰) 프레임을 추가하고 그 프레임을 당신에게도 추가했습니다. 상대방이 사용한 가혹한 말에서 멀리 떨어져서 그 말을 멀리서 관찰할 수 있습니다. 그리고 양측이 그것을 시간을 내서 관찰할 때 당신은 서로에게 말싸움이나 자신의 머릿속에 갇히지 않습니다. 사람들이 알아차리는 시간을 가지면, 상황이 악화되지 않고 오히려 점점 안정화됩니다.

불평하는 사람들 대처

때로는 다른 사람들에 대해 불평을 듣게 되는 경우가 있습니다. 이 또한 매우 까다로울 수 있습니다. 예컨대, 누군가가 엄마에 대해 불평하는 상황이라고 가정해 보겠습니다. "엄마"에는 여러 가지 프레임(당위, 기대, 감정, 기억)이 붙어 있으며 그중 일부는 우리가 좋아하는 프레임은 아닙니다. 따라서 어떤 사람이 자신의 엄마가 고약하다고 이야기하고 그녀를 참지 못하겠다고 말한다면 어떻게 언어 합기도를 사용하여 그들이 그들 속에서 나타나는 것을 알아차림하게 할 수 있을까요? 이 사람이 엄마에 대한 불평하는 데 시간을 많이 들이고 있다면 우리는 그 사람에게 엄마가 중요하다는 것을 알고 있습니다. 우리가 사랑하는 사람이 될 수도 있고, 우리가 싫어하는 사람이 될 수도 있지만 중요한 사람이 아니면 우리는 불편하게 하지 않습니다. 우리의 불만이 완전히 정당화된 것이거나 아닐 수도 있습니다. 어떤 경우에도 우리가 누군가에 대해 생각하고 얘기하는 데 많은 시간을 들이고 있다면 아마도 그들은 우리에게 중요한 사람일 것입니다.

이제 여기서, 그들의 어머니에 대해 불평하는 이 사람에게 그 불평이 매트릭스상 어디에 위치할지 물어볼 수도 있고, 불평할 때 그들 안에서 어떤 다른 것이 나타나는지 물어볼 수도 있습니다. 그러나 알아차릴 수 있는 더 간단한 방법이 있습니다. 단순히 "당신의 엄마가 중요하다고 말하는 것처럼 들립니다."라고 말하기만 하면 됩니다. 너무 단순하지요? 이것은 당신이 그들의 막힌 이야기에 묶이지 않도록 그들의 말을 방향 전환하는 데 도움이 되는데, 동시에 이 사람의 엄마와의 관계를 재구성합니다. 당신은 '중요한' 프레임을 제기하고, 어떤 사람이 불평을 계속 제기할 때, 이 프레임을 고려하면 그들에게 주의와 멈춤을 불러일으킵니다. 이것은 분명히 이끄는 진술 중 하나이며, 실제로는 특정한 매트릭스 사분면으로 사람을 이끄는 방식으로 유연성을 제한하지만, 그들이 이전보다 더 많이 알아차림하도록 만들 것이며, 이것이 우리가 추구하는 것입니다. 언제든 알아차림이 일어나면, 심리적 유연성이 나타날 가능성이 훨씬 더 커집니다.

당신에게 말하는 내용과 당신이 어떻게 대응하든지 언어 합기도의 목표는 심리적 유연성을 증가시키는 것입니다. 개인의 심리적 유연성이 증가하면 파생된 관계구성 반응이 증가할 가능성을 의미하며, 이는 결국 사람들이 목표를 효과적으로 달성하는 데 도움이 됩니다. 그것이 ACT 매트릭스가 하는 일이며, 우리는 언어 합기도를 통해 그 여정을 알아차리는 행동을 촉진하고 심리적으로 더 유연해지는 데 도움이 되는 방법으로 보았습니다. 물론, 언어 합기도는 실제

무술이 아니라 단어를 사용하여 하는 것이기 때문에 '언어적'입니다. 그러나 언어는 끈적끈적하게 경직되게 남아 있어서 '언어적'이기도 합니다. 우리는 언어 합기도를 사용하여 언어 주변의 더 유연한 프레임을 만들려고 노력합니다. 그래서 사람들은 다양한 행동을 할 수 있습니다. 이게 익숙하게 느껴진다면, 그 이유가 있습니다. 이것은 앞에 도표의 매트릭스처럼 RFT의 응용 기술 중에 하나입니다.

RFT는 언어 합기도의 DNA 핵심에 엮여 있습니다. 이것은 매트릭스의 DNA에도 엮여 있습니다. 우리가 매트릭스를 사용할 때 효과적인 방식으로 사람들과 언어의 관계를 변경합니다.

메타포 매트 위에 올라가기

물론 어떤 것이 효과적으로 작동하는지 정말로 알아보려면 직접 해봐야 합니다. 우리의 말을 믿는 것만으로는 충분하지 않으며 사실 그래서도 안 됩니다. 실제 합기도와 마찬가지로 언어 합기도도 지속적인 연습이 필요합니다. 다행히도 실제 합기도와 달리 언제 어디에서나 쿠션으로 충격을 경감시켜 주는 매트 없이 연습할 수 있습니다. 우리는 당신에게 이 언어 합기도-응용된 RFT를 직접 시도해 보라고 권장합니다. 당신이 속한 전문 분야의 일터에서 사용하는 것 외에도 삶을 살아가면서 연습할 수 있는 간단한 방법이 있습니다.

이것은 당신이 자신의 마음에서 덜 시간을 보내고 주변 세계를 주의 깊게 관찰하도록 돕기 위한 것이라는 점에서 이상하게 느껴질 수 있습니다. 그러나 연습하기 가장 쉬운 방법은 상상하는 것입니다. 당신은 자신을 위해 매트릭스 도표를 그려보고 어떻게 사람들이 그 위에 불편한 것들을 정리할지, 그리고 어떻게 그들이 알아차림하도록 초대할지를 상상할 수 있습니다. 더 구체적으로 말하자면, 당신은 심지어 매트릭스를 직접 통과하면서 누가 중요한지, 나타나는 불쾌한 것들, 그리고 당신이 안도감과 만족감의 행동과 움직임을 알아차림하고 주의 깊게 살펴볼 수 있습니다. 이 연습은 다양한 부분에서 도움이 되며, 당신을 더 유연하게 만들 것입니다!

가장 좋은 연습은 다른 사람들과 이 처리과정을 함께 진행하는 것입니다. 나아가 가능하다면, 당신의 관점을 공유할 수 있는 친구나 가족에게 그들을 기록 분류하고 알아차릴 때 초대하는 것이 많은 도움이 될 것입니다. 그러나 당신과 함께 매트릭스를 기꺼이 참여할 친구나 가족이 지금 곁에 없다면, 그들이 무엇을 하고, 말하는지, 관찰하고 알아차려 보고 유연성이나 경직성의 경직성을 찾아보려고 노력할 수 있습니다. 이렇게 하면 당신은 적어도 자신의 상상이 아니라 다른 사람의 말과 행동을 사용하고 있으며, 경직성이 있는 사람에게 어떻게 반응할지 생각해 볼 수 있습니다. 물론, 이미 심리적으로 유연한 사람은 당신의 도움이 덜 필요합니다. 경직된 언어를 사용하는 사람들의 말을 들을 때, 그들과 그들이 사용하는 언어를 어떻게 유연하게 만들 수 있을지 생각하는 것은 재미있을 것입니다. 예컨대, 누군가가 다른 사람에 대해 불평하고 있다면, 그들과 함께 작업 중이라면 언어 합기도 기술을 사용하여 그 말을 매트릭스로 방향 전환할 수 있음을 깨닫게 될 것입니다.

물론 주변의 사람들로 제한할 필요가 없습니다. 유연하거나 경직된 언어는 어디에나 존재하며, 이제 당신은 RFT와 언어의 끈적하고 경직된 성질에 대해 모두 배웠으므로 그것들이 유연성 또는 경직성을 촉진할 때 언제든 알아차림할 준비가 되어 있습니다. 슈퍼마켓에서 줄을 서 있는 동안 옆에 잡지들이 꽂혀있는 선반을 살펴보세요. 잡지에서 사용하는 언어의 종류를 살펴보세요. 광고를 듣거나 게시판을 보고 있다면 광고 언어를 주의 깊게 살펴보면, 그 광고가 만들려고 하는 프레임을 일아차릴 수 있습니다.

당신에게 미리 말해 기대를 낮추거나 기분 상하게 하려는 것은 아닙니다만 광고에 주의를 기울이기 시작하면 끈적끈적한, 경직된 언어가 많이 보일 것입니다. 결국, 선택지를 제한하고 사람들의 머릿속에 들어가는 것이 마케팅의 핵심입니다.

마지막으로 자기 자신의 언어와 행동에 주의를 기울여 심리적 유연성이나 경직성을 찾아볼 수도 있습니다. 당신 자신의 것에 주의를 기울일 때는 추가 은총과 이득이 있으며, 심리적으로 더 유연하게 되어 파생된 관계적 반응을 더 잘 할 수 있습니다. 그런 순간이 된다면 당신은 본질적으로 스스로 매트릭스를 적용하고 있다고 말할 수 있습니다.

물론, 이 모든 것은 단순한 연습에 불과합니다. 이 책을 읽은 후에 우리가 정말로 바라는 것은 당신이 우리가 당신에게 전해준 모든 것을 가져가 세상으로 나가는 것입니다. 매트릭스를 당신의 개인적 삶이나 전문가적 삶에 가져가서 더 많이 적용해 보시길 권합니다. 이를 사용하여 사람들을 돕거나, 자신을 돕기를 바랍니다. [메타포] 「매트」 위에 올라가서 언어 합기도를 연습해 보세요. 당신이 이것을 어떻게 사용하든 상관없이 당신은 몇 년 전 미국 메인 주 첼시에서 시작된 실험을 거기서 계속 진행하고 있는 것이 됩니다. 사람들이 오감과 정신적 경험 사이의 차이, 그리고 만족감과 안도감의 차이를 주의 깊게 알아차림할 때 어떤 일이 일어나는지 확인해 보세요.

실제 세상 밖으로 매트릭스를 가져가지 않더라도 괜찮습니다. 매트릭스를 "사용하지 않기로 결정했다!" 하더라도 여전히 당신은 자신의 마음에서 알아차리고 있는 것입니다. 여전히 당신은 삶의 맥락에서 이 실험의 일부가 되고 있습니다.

당신도 ACT와 ACT 매트릭스의 본질적 역할을 잘 아시다시피, 우리 실험의 목표는 심리적 유연성을 증가시키는 것입니다. 당신에게 효과가 있다면 아주 좋을 것입니다! 이제 그것이 얼마나 가치 있는지 알고 있으며, 원하는 곳에서 언제든지 사용할 수 있습니다. 효과가 있다고 느끼지 않는다면, 그것도 괜찮습니다. 과학의 세계에서는 실험을 반복 검증할 때 이전과 다른 결과를 얻을 가능성은 항상 있습니다. 그러나 저희가 지난 수년 동안 이 실험을 진행해왔고, 많은 다른 사람들도 동시에 진행해 왔으며, 그 결과 다수의 과학자와 임상가들에 의해 이것이 거의 항상 효과가 있다는 것을 발견했습니다. 당신도 분명히 효과를 경험할 것이라고 저희 두 심리학자는 확신합니다.

이제 당신은 이 책을 읽는 동안 실험 피험자였습니다. 이제 앞으로는 스스로 과학자가 되어 앞으로 나아가길 바랍니다. 심리적 유연성 증진과 관련한 매트릭스의 효과가 여러 이론, 연구 및 반복 실험을 통한 결과 기둥들에 의해 튼튼하게 지지되고 있다는 것을 알고 기억하시기를 바랍니다. 실험의 결과를 잘 관찰해 보세요. 그 다음 어떤 일이 일어나는지 주의 기울여 관찰하고 알아차림해 보시길 바랍니다.

그리고 매트릭스를 쉽고 간단하게 사용하시길 권합니다!

찾아보기

메타포 찾아보기

역자에 대해

심리학자 송승훈은 경기에서 태어나 자라, 수련 시기를 제외하고 대전 지역에 오래 거주했습니다. 현재 자유ON심리상담센터·ACT인지행동치료연구소 대표로 심리치료 활동과 연구에 매진하고 있으며, 대학에서 외래교수로 수용전념치료, 마음챙김, 심리평가 등을 가르치고 있습니다. 국립충남대학교에서 심리학psychology을 전공한 후 동 대학원에서 응용심리학, 임상 및 건강심리학 석사/박사 학위 과정을 수료했습니다. 가톨릭의대성모병원과 순천향의대부천병원 등 정신과psychiatry에서 레지던트 수련과 이후 슈퍼바이저급 심리학자로 근무했습니다. 대학병원, 자원봉사, 삼성그룹 사내 상담센터 등에서 약 20년간 심리치료자로 종사했습니다. 한국인지행동치료학회 공인 CBT전문가(수련감독자), 한국심리학회 공인 건강 및 임상심리전문가(수련감독자), 보건복지부 공인 정신건강임상심리사 1급 자격증을 소지하고 있습니다. 통합적 심리치료 중에 2010년 ACT를 새롭게 다시 만나 임상에 적용하였고, 2020년 ACT 익스턴십 수련을 받고 ACT와 과정기반 치료로 내담자와 상담자를 돕는 것에 전념하고 있습니다. 2022년부터 ACT인지행동치료연구회 회장을 맡고 있으며, ACT트레이너로 교육과 수퍼비전을 통해 마음챙김 기반 수용전념치료자를 양성하고 있습니다. 수목원, 시와 그림, 해산물과 커피, 아이스하키와 축구, 별뉘와 마음챙김 명상을 좋아합니다. 주요 저·역서로는 「트라우마 치유를 위한 마음챙김 기술」(공역), 「우울과 수치심의 수용전념치료」(공역), 「트라우마 초점 심리치료 ACT」(공역), 「아동·청소년을 위한 수용전념치료」(공역), 「가치 기반 수용전념치료(ACT)」(공역), 「마음챙김, 소풍명상」(저) 등이 있습니다.

수용전념치료 매트릭스와 유연한 프레임

초판발행	2024년 3월 1일
지은이	Kevin Polk · Phil Tenaglia
옮긴이	송승훈
펴낸이	노 현
편 집	이혜미
기획/마케팅	조정빈
표지디자인	BEN STORY
제 작	고철민 · 조영환
펴낸곳	㈜ 피와이메이트
	서울특별시 금천구 가산디지털2로 53, 210호(가산동, 한라시그마밸리)
	등록 2014. 2. 12. 제2018-000080호
전 화	02)733-6771
f a x	02)736-4818
e-mail	pys@pybook.co.kr
homepage	www.pybook.co.kr
ISBN	979-11-6519-187-0 93180

*파본은 구입하신 곳에서 교환해 드립니다. 본서의 무단복제행위를 금합니다.

정 가	14,000원

박영스토리는 박영사와 함께하는 브랜드입니다.